LUIZ CARRIERI

Toques da vida

Ideias para levantar seu astral

NOVA EDIÇÃO

Coordenadora editorial: Tânia Lins
Coordenador de comunicação: Marcio Lipari
Capa e projeto gráfico: Jaqueline Kir
Diagramação: Rafael Rojas
Preparação: Janaina Calaça
Revisão: Equipe Vida & Consciência

2ª edição — 1ª impressão
3.000 exemplares — março 2016
Tiragem total: 3.000 exemplares

CIP-Brasil - Catalogação na Publicação
(Sindicato Nacional dos Editores de Livros, RJ)

C312t

Carrieri,Luiz
Toques da vida / Luiz Carrieri. - [2. ed.]. - São Paulo: Vida e Consciência, 2016.
192 p. ; 21 cm.

ISBN 978-85-7722-459-3

1. Poesia brasileira. I. Título.

15-26197 CDD: 869.91
CDU: 821.134.3(81)-1

Este livro adota as regras do novo acordo ortográfico (2009).

Editora Vida & Consciência
Rua Agostinho Gomes, 2.312 – São Paulo – SP – Brasil
CEP 04206-001
editora@vidaeconsciencia.com.br
www.vidaeconsciencia.com.br

Dedicatória

Meus sinceros agradecimentos a todos que colaboraram na elaboração e no lançamento deste livro, principalmente por meio do apoio e incentivo do amigo de sempre, Marcelo Cezar, escritor, médium e estudioso da espiritualidade, que, com sua sensibilidade, captou a intenção do plano espiritual em relação aos *Toques da Vida*.

Por dever e gratidão, menciono Zibia Gasparetto e Chico Xavier, que tanto me ensinaram sobre a filosofia espírita. Lendo seus livros, aprendi a pautar um caminho de consciência e maturidade perante a vida, na certeza de que o astral, por meio dos queridos amigos espirituais, está sempre nos ajudando a permanecer no caminho do bem.

Prefácio

A minha intenção com este livro é conscientizá-lo e fazê-lo entender que a vida é mágica e sempre lhe está dando "toques", que irão mostrar-lhe se suas atitudes estão sendo eficientes ou não.

Há muitos anos, venho estudando os recados da vida e percebi que todos eles são de suma importância para nosso amadurecimento espiritual e para nossa prosperidade material.

Devo muito a Luiz Gasparetto, diferenciado médium, professor e pesquisador, em permanente contato com o astral, que, pacientemente, me conduziu às primeiras análises sobre as experiências por que passamos, sinalizando como podemos alterar nosso rumo, observando os sinais da vida em busca do nosso melhor. O plano espiritual complementou, transmitindo-me os toques.

Daí a ideia de reunir esse precioso ensinamento neste livro, que lhe servirá para uma consulta diária. Abrindo-o ao acaso, você irá se deparar com dois toques.

O primeiro toque será uma mensagem da vida, uma resposta a uma questão que o aflige. Já a segunda mensagem, será um toque enviado por seu anjo da guarda, mentor ou ente querido, do outro lado da vida, complementando a resposta que você procura.

São ao todo, 366 toques, — um para cada dia do ano, inclusive quando ocorrer ano bissexto, que podem ser lidos como você achar melhor.

Basta abrir uma página. Seus olhos o conduzirão à página que deve ser lida, seja ela a da esquerda ou da direita.

Da mesma forma, você lerá as mensagens. A ordem da leitura será conduzida por seus olhos.

Após a leitura, coloque-os em prática, caso queira entender a que veio, sem ficar contando quantas estrelas tem o céu, e descubra a arte de viver bem consigo, com as outras pessoas e, principalmente, com a vida.

1

Preocupar-se desnecessariamente é não acreditar que Deus pode transformar tudo. Viva seu hoje da melhor maneira possível e saiba que a vida, sem que você perceba, vai trazendo-lhe experiências por que você precisa passar, sempre para seu crescimento e constantemente para ajudá-lo. Se você não acredita, então aguarde e verá!

2

Nunca espere retribuição de algum ato positivo que você tenha praticado. A vida se encarregará de devolver-lhe na mesma proporção. Saiba que, dessa forma, você continuará realizando ações eficientes e, com certeza, o retorno virá a galope e sempre além da atitude praticada. Deus não esquece nem dorme. É uma energia vital, que, com o universo, tudo resolve.

3

Não se desespere ante uma desagradável situação. Se o fizer, estará piorando. Permanecendo na lucidez e compreensão, a vida, automaticamente, se encarregará de solucionar o problema, e você perceberá que tudo passa, ficando apenas a lição. Às vezes, o aprendizado dói, mas nunca o prejudica ou destrói. Apenas constrói.

4

A felicidade tem um preço e ela sempre nos exigirá a certeza de que somos os próprios autores de nosso destino. É aí que entra em cena a vida, dando-nos a compreensão de que Deus se realiza por meio de nossa existência. Por isso, não destruamos nossas vidas nem a pioremos. Vivamos com alegria e prazer. Assim o astral saberá o que fazer conosco.

5

Saiba dizer não, quando necessário for. Mas saiba também receber um não, quando alguém não aceitar o que você lhe quiser impor. Caso queira transformar-se em uma pessoa eficiente para a vida, basta entender que tudo tem um momento certo para receber o desejado e para seu amadurecimento, que lhe será sempre um excelente aprendizado.

6

Viver de bem com a vida é saber respeitar a maneira de ser das pessoas. Caso contrário, a vida se encarregará de colocá-lo em situações mais desagradáveis, a fim de que possa entender que as diferenças existem para ajudá-lo. Você tem o direito e o poder de escolha por meio do livre-arbítrio e passa por situações por que precisa experienciar.

7

Chorar o leite derramado é não acreditar que a vida sempre deixa coisas acontecerem para o seu bem. Você é que não entende, muitas vezes, qual a finalidade do desagradável e começa a questionar os porquês. O leite só se derrama para mostrar-lhe o quanto você precisa se renovar e ter atitudes mais condizentes, gerando situações eficientes.

8

Se você sentir vontade de chorar, porque isso lhe faz bem, então chore. Mas, se perceber que a lágrima que cai é, em algumas situações, sinônimo de que você se comporta como uma criança mimada, acorde, pare, medite e procure agir como a chuva, que também chora sobre a terra, mas para renová-la sempre. É como chorar de alegria, lavando o coração com os olhos da alma.

9

Procure observar e analisar os fatos por que você passa, deixando de lado a emoção, pois esta, muitas vezes, leva a pessoa ao engano, fechando seu coração. Entender os porquês dos fatos é estar de bem com a vida e saber que tudo ocorre para seu aperfeiçoamento e sua renovação. Faça como o sol, que se deixa esconder pela lua, para aquecer o outro lado da Terra.

10

Nunca faça julgamentos sem que a vida lhe peça, pois todas as vezes que o fizer, não percebendo que a moeda tem dois lados, deixará de entender que, dependendo da situação, poderá escolher um lado ou outro, e ninguém estará com a razão. Julgar levianamente, por capricho ou sedução, é como perder o chão. É ser o próximo a passar pela provação.

11

Reclamar da vida é agir com imaturidade. Pare por um minuto e perceba que só tem a agradecer por tantos presentes que a vida já lhe deu. Você, no entanto, diz que o gostoso bateu asas e voou e, feito criança, quer sempre além do merecido, esquecendo-se de que, só pelo fato de viver, já é mais que demais. Compreenda que você está onde se colocou.

12

A vida é mágica. Nós é que não percebemos o quanto ela acontece. Basta olharmos para o céu e veremos que, à noite, as estrelas aparecem e de dia se escondem, mas nunca se esquecem de brilhar. Vida! Agradeço-lhe por existir e quero que me dê sempre o toque da alegria de viver, a fim de que eu possa ficar ao seu lado pela eternidade.

13

Procure desejar sempre o bem para as pessoas — mentalmente e na prática também —, mesmo que alguém tenha sido ruim com você. Na verdade, não existe injustiça em sua vida. Ela quis conscientizá-lo do quanto você está maltratando-se. Depende de você querer alterar essa situação. Fique sempre do seu lado, não largue o desejado, pois Deus fará acontecer.

14

Se você acha que em seu caminho só encontrou pedras, pare e perceba que seus pés ainda não estão sangrando. O que ocorre é que você está trilhando as estradas que escolheu. Saia do vitimismo. Não exagere os desencontros, porque eles não existem para fazer as pessoas se perderem. Entenda que você é quem faz seu próprio destino e, em paz, com ele terá de conviver.

15

Valorizar a vida é sentir sua essência, pois é assim que a consciência aflora. Não tenha pressa para nada. Na eternidade não há tempo. Faça sempre seu melhor e viva somente o hoje. Seu ontem foi embora e não volta. Seu amanhã é o agora. Vivendo dessa maneira, estará de bem consigo, com a sabedoria em dia, sem atrair a dor ou a tristeza pela vida afora.

16

Não queira ser mais do que você já é. Tudo está certo. Suas conquistas são suas. Querer ser mais é entrar na vaidade e observar-se de maneira enganosa. Não se surpreenda se você engordar. Não exija de si o impossível e da vida além do que for necessário. Isto não vai prestar. Insistir nesse comportamento é não se olhar com os olhos de Deus e com os olhos alheios se prejudicar, enterrando o que a vida tem de bom para lhe dar.

17

Querer o mal para alguém é nele ser o próximo a entrar e, entrando, sentirá que o tempo passou e você não está bem. Ninguém consegue ficar feliz com a infelicidade do outro, pois saciar a sede com o suor alheio é como sentar à beira da estrada, esperando a paz chegar. Dessa forma, ela jamais virá, e você terá somente aquilo que para os outros desejar.

18

Deseje o bem para quem quiser o melhor a você, mas também para quem o mal lhe desejar. Ilusão é achar que o mal tem força. O ruim só existe, a fim de que você perceba o quanto é desagradável viver por viver e olhar para trás. A vida sem vida perde o sentido. E você, o que escolhe? Se perder ou se encontrar? Vibre paz e amor a quem for. O bem sempre vencerá. Duvida? Então comece a testar.

19

Quando você se sentir na depressão, não sofra por insatisfação. Tudo passa. A vida só está querendo que você tome consciência do quanto se abandonou. Resgate seu poder e não atraia mais confusão. A porta que você abriu, machucando seu coração, a vida fará com que você desperte para o novo, esquecendo o que passou, após escancarar a porta do perdão.

20

É muito fácil exigirmos dos outros além daquilo que exigimos de nós, esperando que façam o que nem por nós fazemos. Agindo assim, a vida só nos trará situações difíceis de serem superadas e controvérsias lentamente resolvidas. Fiquemos atentos às nossas atitudes e paremos de colocar a incompreensão no lugar da compaixão. Chegou a hora de largarmos as cobranças e abandonarmos as imposições.

21

A vida sempre nos dá toques, para que estejamos ligados à essência divina. Deus, por meio de sua bondade, manifesta-se em nossa existência, visando à alegria do nosso viver. Portanto, se algo estiver incomodando você, ou quem sabe até prejudicando, não se preocupe. Apenas fique alerta, pois, por meio de um toque, a solução virá.

22

Viver bem é bom. Mas viver sempre no bem é melhor ainda. Sim, porque aquele que estiver no bem estará com Deus. E, com Ele, quem se sentirá sem ninguém? Vem daí a paz, o amor e o prazer de viver. Nesse estado de ser quem não vai querer ficar? É só uma questão de atitude e crença, pois tudo de salutar quem estiver no bem já tem.

23

Todo dia é dia de renovação. É por isso que uma vez é inverno e, na outra, verão. Façamos como a natureza, que está sempre pronta para o novo e, nessa maneira de existir, tem a eternização como resultado. Não creia que sua vida sempre será triste. Tudo está certo. Ninguém nasce só para sofrer. As coisas existem por algum tempo e alguma razão. Basta ter olhos de ver.

24

Aquele que pensa em fazer algo por interesse se engana. A vida é quem faz. Tudo com ela começa e tudo nela termina para renovar a Terra. Portanto, não fique na atitude do querer só fazer para receber. Aquilo de que precisa, de alguma maneira, sempre irá até você. A vida é sábia e, com a ajuda do astral, faz tudo acontecer. Para isso, você precisa apenas viver.

25

No momento da dor, tenha fé.
No momento da dúvida, medite.
No momento da lágrima, aprenda.
No momento da queda, tenha força.
No momento da raiva, perdoe.
No momento da briga, entenda.
No momento da falha, conserte.
No momento triste, compreenda.
No momento difícil, ajude.
No momento da morte, viva.

26

Quando se deparar com o indesejável, não se desespere e busque a calma. Assim, você anulará qualquer dissabor. Mesmo que algo aconteça contra a sua vontade, aprenda que você nunca está só e tudo acontece para que vivencie algo. Deus estará constantemente ao seu lado, para fazer você entender que a vida não é ingrata, mas é sempre mãe.

27

Vale a pena viver. A natureza, por mais que receba as pancadas do tempo e dos seres, sempre se renova e mostra-lhe seu melhor por meio da fauna e da flora. E você? O que faz do seu presente? Está atraindo alegria ou desprazer? Está na escuridão da noite ou no amanhecer? Saiba que seu hoje, caso queira, é para sempre, e o seu amanhã, na paz, virá outra vez.

28

Cuidado ao se sentir uma pessoa cansada com a vida que leva e não mudar, porque sua vida pode alterar as coisas do jeito que der. Sempre que se posiciona como vítima ante o sofrimento e a dor, você esquece que se coloca nessa situação e se distancia do amor. Toda atitude tem, por consequência, uma reação de alegria ou dissabor.

29

Não é preciso tanta sabedoria para entender que, desde o seu nascimento, você vive para o bem, embora, às vezes, não queira crescer. Você nasce para fazer o seu melhor, precisando aprender sempre mais. Caso entenda o contrário ou não queira entender, é simples: espere que, na hora certa, a morte virá buscar você e veja se é isso que realmente quer.

30

Deus, quero ser sempre um instrumento de sua bondade. Se eu me deparar com a tristeza, peço-Lhe que me mostre a alegria de viver de qualquer jeito e em qualquer lugar. Caso eu me defronte com a traição, mostre-me a verdade, a fim de que eu possa praticar o perdão. E, se de Você eu me perder, dê-me o toque da vida, para que eu O encontre novamente, até sem querer.

31

Caso sua atitude tenha sido ineficiente ante um acontecimento, não se critique. A vida se encarregará de lhe dar novamente uma situação semelhante, a fim de que aprenda a fazer diferente. Mas, se mesmo assim você não aprender, não entre na culpa, nem passe a se cobrar, pois um dia, quando menos esperar, perceberá de vez que é ruim se abandonar. Cedo ou tarde, você terá que entender, a não ser que queira perder-se para se achar.

32

Parece incrível, mas é verdade: as palavras têm muita força e são mais importantes do que possam parecer. Portanto, use-as da melhor maneira, pois, do contrário, você se desencontrará de sua prosperidade. Sua mente registra aquilo que você pensa, sem critérios para analisar. Assim, caso queira atrair o bem, é bom pensar no bem e articular boas palavras. Se não, vai sair bobagem e isso não vai prestar.

33

Ser conselheiro dos outros é fácil. E mais fácil ainda é mandar as pessoas fazerem o que você precisa executar. Entretanto, na sapiência da vida, um dia, ela passará com uma boa-nova pelo seu caminho, olhará para você e lhe dirá: "Prepare-se, porque você será a próxima pessoa a ter sucesso nesta vida e o melhor vai chegar, mas só se fizer o que meu toque lhe mostrar". Então, você vai querer prosperar aqui ou de endereço irá mudar.

34

A partir do momento que tivermos a consciência de que o nosso sucesso ou o nosso fracasso advêm de nossas atitudes, tudo passará a se transformar. Nós nos tornaremos pessoas realmente valiosas e nutritivas e sempre alguém irá querer ficar do nosso lado. Os sentimentos de orgulho, malícia, inveja, ciúme, até os complexos, não mais nos irão visitar. E é dessa forma que iremos prosperar.

35

Se você quiser crescer com a espiritualidade, apenas necessitará de uma atitude: mudando por dentro, o seu exterior você alterará, pois ele sempre seu espelho será. A vida lhe dará recados, e você rapidamente os entenderá, tornando-se um ser com apenas um poder: o do bem, para em seu próprio bem tudo transformar.

36

Nada acontece por acaso. Nem na vida daqui, muito menos na vida de lá. Sendo assim, pare de insistir nas atitudes ineficientes e de ficar longe do seu melhor. Pare de se pôr para correr. Deixe o tempo mostrar-lhe o bem que está para chegar. Ele é um santo remédio e tudo pode curar. Deixe de querer controlar sua vida. Você está com as rédeas nas mãos, mas sem cavalos para puxar.

37

Saia da ilusão de achar que tem poder. Seu poder vem de Deus, que, por meio da vida, lhe dá a possibilidade temporária de viver por alguns momentos e do jeito que lhe fizer bem. Caso não aceite essa ideia, então continue a querer ser o que não é. Um dia perceberá que realmente você não é, apenas está, e não há poder neste mundo que possa deter ou impedir que a vida venha a tudo transformar.

38

A vaidade nos serve apenas para uma situação: nos tirar da ilusão de que precisamos dela e nos mostrar o que não somos ou insistimos em ser. Todas as vezes que entrarmos na vaidade, a vida se encarregará de nos mostrar a verdade de maneira nua e crua. E, diante de um espelho, precisaremos nos olhar de frente, para voltarmos a viver mais verdadeiros. Só assim entenderemos que toda ilusão gera desilusão.

39

Que a vida se manifeste em você com muita bondade e proteção em todos os instantes, para que possa se realizar em sua pessoa com total liberdade. Aprendendo a fazer o seu melhor, ela nunca lhe dirá adeus, e, se não o fizer, exigirá que viva apenas de verdade, pois a vida só existe enquanto você viver. Dela você nunca se perderá, pois a vida viverá ao seu lado e pela eternidade a aprender.

40

Mesmo que você não acredite, todos nós nascemos para prosperar. Crendo na bondade de Deus, a vida nos beneficiará. Dela, por mais que tente ou queira, você jamais conseguirá debandar. A vida nunca termina e sempre recomeçará. Abandonando-a, por querer ou sem querer, você descobrirá que nada conseguiu alterar. Apenas mudará de endereço, mas jamais de lugar.

41

Persistir no ódio, na mágoa ou no rancor é atrair doenças e dores inevitáveis. Portanto, fique em paz, fique bem, pois, se você já souber perdoar, mas não o fizer, a vida lhe trará mais sofrimento, a fim de que entenda que cada um dá o que tem. Deus, em sua infinita bondade, recoloca tudo em seu devido lugar, e a justiça sempre, você querendo ou não, um dia se realizará.

42

Não permita que alguém comande sua vida. Ela é sua e de mais ninguém. Quando você não vive por querer, acaba vivendo por viver. A vida lhe cobrará uma atitude mais firme, a fim de que realize suas tarefas, sem deixar que os outros façam isso por você. Para viver com felicidade, não há tempo nem idade. Saiba que você é a única pessoa a ficar consigo pela eternidade.

43

Na vida não existe erro. Existem comportamentos eficientes ou não, que servem para nos conscientizar de que, da próxima vez, precisaremos ter uma atitude mais eficaz. Se persistirmos na mesma atitude enganosa, aí sim a vida entra em cena, abre a cortina do nosso palco, coloca-nos novamente diante de todos, a fim de realizarmos apenas o bem.

44

Achar que o mundo está piorando é pensar pequeno. Acreditando no pior, você se posicionará no menos. Ligando-se ao negativo, se colocará no lugar comum, e, sentindo-se com a maioria, se distanciará de si mesmo, podendo, ainda, sair do seu centro. No entanto, é impossível desligar-se de sua essência. Você é um espírito eterno a se transformar e tem a eternidade para se encontrar. O bem sempre vencerá.

45

Querer ser igual aos outros é ilusão.
Não existe o igual, apenas o que se assemelha. Basta observar a natureza, que, de tantas cores e diversas flores, acaba por eclodir de tanta individualidade e prazer na primavera. Insistir em ser igual é não se aceitar. É não se respeitar. É se perder. É achar que Deus errou com você. Mas Deus é um eterno acertar.

46

Se o seu problema é a carência afetiva, o problema é achar que você a detém. O bem querer começa em você, para depois terminar em alguém. Respeite seu querer e sinta prazer em viver. Agindo assim, você se valoriza e recebe da vida todo o afeto necessário para obter dos outros o bem. Saiba que nada começa fora. Tudo de dentro vem.

47

Se algum fato desagradável estiver acontecendo em sua vida, observe como o trouxe e o aceite sem se opor. Dessa forma, você sairá do vitimismo, percebendo que foi apenas da ocorrência coautor. Entretanto, se duvidar disso, tenha cuidado, porque a próxima companhia será a da dor, que lhe fará uma visita sem ser convidada, nem lhe trará uma flor. Alterando sua atitude, a vida lhe dará amor. Não de fora para dentro, mas nascendo em seu interior.

48

Querer fugir de um fato desagradável é agir como criança, que, de tanto comer o mesmo doce, acaba sentindo dor. Se algo de ruim lhe aconteceu, entenda que você deu abertura e para isso colaborou. Para sair dessa situação, basta inverter o processo que a criou. Aprenda, com inversa atitude, a fazer o seu melhor. Pense no bem. Vivencie o perdão. O mal é apenas uma amarga ilusão.

49

Deus só quer de você uma atitude que não seja contra. Viver em direção contrária à Vida é encontrar lá adiante o caminho de volta, tendo que realizar o bem que você não quis fazer. É começar tudo outra vez e não deixar nada por fazer. É realizar sua obra por inteiro, pois quem for contra a própria natureza, acaba apenas com a sua sombra, tendo que conviver.

50

Colocar-se no último lugar da fila, sem precisar, é achar que dessa forma conseguirá conquistar o respeito alheio. No entanto, o contrário é o que acontece. Sempre chega alguém pedindo para entrar na sua frente, para que aguarde, deixando você para trás. E, quando chega a sua vez, a vida lhe mostra o espaço que perdeu e que precisa recuperar, querendo se valorizar, cansando-se de esperar. Quem espera nunca alcança. Acorde! Realize! Saia dessa tal esperança!

51

Quando você receber um presente inesperado, preste atenção a ele. A vida pode estar querendo indicar-lhe o caminho certo a trilhar, o caminho da alegria e do prazer de viver. Entretanto, se você não gostar do presente, é sinal de que algo não vai bem. Verifique em que ponto você está desvalorizando-se, pois a vida só está mostrando-lhe o que você não deve fazer.

52

A palavra tem força e existência própria, por isso é importante que você entenda a necessidade de seu uso de maneira salutar, atraindo o bem, colocando a palavra certa em seu devido lugar. Saiba empregá-la sempre positivamente, a fim de vivenciar apenas o que houver de melhor e o que Deus tem para lhe dar. Aquilo que você disser determinará o que irá experienciar.

53

A vida só protege o ignorante. Aquele que já aprendeu a conduzir-se na vida corretamente, não conseguirá mais se enganar. Se persistir no engano, terá que recomeçar e sem reclamar. Você é quem constrói seu destino. É você quem escolhe fazer ou deixar de fazer algo. E, se tiver dúvidas, a vida sempre lhe responderá e mostrará o que você precisa saber, de alguma forma e para o seu próprio bem, por meio de toques, do amor ou da dor. A escolha é sua, pode acreditar.

54

Jamais se desvalorize. Nessa situação, estará virando as costas para tudo de bom que a vida quer dar-lhe. Como você não nasceu para andar de costas, não terá outra escolha, a não ser, quando cair, do chão se levantar com apoio ou sem ajuda. Você verá o quanto é desagradável experienciar a sensação de vazio e solidão, mas não estranhe nem reclame. Você é quem preferiu se anular e será em vão gritar. O grito só serve para derrubar.

55

Se você quiser atrair a prosperidade, basta acreditar em seu potencial. Ela virá com o tempo, mas você é a única pessoa quem o dia a estabelecerá. A crença no poder divino e criador muito influenciará nisso. A prosperidade não é preconceituosa; apenas tem afinidade com aquele que não acredita em fracasso, insegurança, dificuldade ou medo de ousar.

56

Estar em paz com a vida é saber atrair o bem. Para isso, basta acreditarmos na ideia de que a vida diz amém a tudo de que precisamos e a tudo em que acreditamos. Se, porventura, não recebermos o solicitado, é porque não soubemos crer no almejado. Desejar não é o mesmo que querer. Desejar é achar que um dia aquilo de que precisamos possa vir. Querer é ter a certeza de que o programado, havendo mérito, sempre virá.

57

Não faça de sua vida um drama. Isso só dá certo no palco e por alguns instantes. Portanto, já que Deus lhe deu o poder de escolha, opte por resolver o problema que o aflige de maneira salutar. Foi você quem atraiu essa forma ineficiente de administrar a vida. Jamais se desespere nem se atormente. Permanecendo na calma, tudo voltará ao seu devido lugar.

58

Quando você perceber que está perdendo em uma situação, procure não gritar nem entrar em discussão. Manter-se em paz é agir com inteligência e precaução. O grito traz o ódio, que sempre acaba transformando-se em doença. Com a doença, vem a compreensão de que, no local onde só existe confusão, todos acabam gritando e ninguém tem razão.

59

Irritar-se com razão ou sem razão é não entender que essa atitude não fará bem ao seu coração. A irritação é sintoma de que você não quer entender a situação. E, quando se irrita, acaba mostrando que não é diferente de quem praticou a ação. É você quem permite que gerem confusão em sua vida. Se insistir em ficar na irritação, sentirá em seu corpo uma triste e desagradável reação.

60

Não dê atenção à maldade. Enquanto você estiver acreditando nela, ela crescerá. Não fale mal de ninguém, pois, por meio dessa atitude, estará confessando-se. Vendo-se na outra pessoa, perceberá que você não é diferente. A vida acabará trazendo-lhe situações de sofrimento e dor. Se não tiver nada de bom para falar de alguém, pelo menos não invente, não aumente, nem se iguale a ninguém.

61

Tudo está certo. Você é que não quer entender e aceitar e insiste para que as pessoas sejam do seu jeito, esquecendo-se de que você jamais será igual a elas e tendo o direito de acertar ou se enganar. Não se deixe irritar. A vida existe para tudo alterar. O tempo sempre ajudará você a esquecer o desagradável e modificar as situações. Não exija nada de ninguém e passe a respeitar a todos, se respeito quiser obter. Pare de se torturar, se não quiser se perder.

62

Se você quiser sucesso na vida, basta apenas acreditar em uma ideia. Você é quem o atrairá e quando bem entender, mas com uma atitude salutar. Agindo a seu favor e olhando-se com os “olhos de ver”, o sucesso virá sem pedir-lhe licença, mas só se você colaborar para que isso aconteça. Tenha mais compreensão. Caso contrário, o sucesso fugirá de você, sem pedir-lhe permissão ou autorização. É a vida exigindo-lhe firmeza.

63

Acreditar que tem ou não felicidade dependerá somente de você. É agir a favor da vida, sem se atormentar. Engano seu é pensar que, para se ter algo, é preciso apenas fazer sem parar. Quanto mais você correr atrás daquilo que deseja, mais dele se distanciará. O segredo para conseguir algo é fazer sua parte, deixando que Deus faça a Dele.

64

Antes de querer alterar seu exterior, não se esqueça de mudar seu interior. Não adianta exigir dos outros o que você não realiza em si. Quanto mais você cobra do outro, mais a vida lhe exige uma atitude exemplar. Não queira servir de modelo a ninguém, a não ser que consiga dar conselhos e também os praticar. Caso contrário, é bom parar, pois haja paciência para aguentar.

65

Querer se sentir bem, interessante e saudável não é vaidade, desde que seja de você para si. Se isso ocorrer, apenas para aparentar algo aos outros, é a vaidade dando-lhe boas-vindas, sem querer lhe abandonar. A escolha é sua. Ou se amar, ou aos outros agradar. Você perceberá que tudo não passa de um delírio. Prepare-se para a falsidade encontrar.

66

Todas as vezes que você quiser fazer algo de bom, mas uma voz interior lhe perguntar "para quê?", não caia nesse jogo verbal. É a voz do ego querendo anular seu poder, jogar para baixo sua força e depreciar seu querer. Entenda que o único autor dessa atitude contrária é você, que não se respeita e o melhor da vida não faz por merecer, dando ouvidos a fantasmas, que não querem ver seu bem.

67

Não entre nunca na autorrejeição. Agindo assim, você se desvaloriza e perde o chão. E ainda atrai pessoas, querendo preencher seu espaço vazio sem sua permissão. Olhe-se com os olhos do bem, pois dessa forma nunca se perderá, nem em ninguém irá se pendurar. Não creia na imperfeição de Deus, por fazer parte da criação, pois Ele lhe deu sabedoria e livre-arbítrio, para tudo você conseguir ser. A escolha é sua. Não viva por viver.

68

Não queira nunca satisfazer a todos. É ilusório. Se você conseguir respeitar suas necessidades, aprenderá a viver de bem consigo e com os outros também. Realizar somente os desejos alheios é esquecer-se de si. É ficar procurando-se, sem se ver. É não acreditar em si, ignorando que sua felicidade reside em apenas um endereço: no seu.

69

Desperte para a vida. Ela quer de você apenas uma coisa: o seu melhor. Saiba que o seu caminho tem vários atalhos. Escolha sempre o mais arborizado e plantado por você, a fim de que nunca lhe falte água e o que comer. Mas, se optar pelo descampado, não se desespere, pois nele também tem ar. Você apenas não obterá os frutos das árvores que preferiu não plantar na vida e nada terá para colher.

70

Lembre-se: não existe o impossível a ser realizado em sua vida. É você quem faz o possível distanciar-se. Não creia que é impossível resolver os problemas atraídos, pois a mesma força que usou para trazê-los será usada para fazê-los afastarem-se de si. Aplique sempre o perdão. Na vida tudo muda e na eternidade só existe solução.

71

Não tenha vergonha de ser feliz. Todos procuram o mesmo que você. A partir do instante de seu nascimento, a vida só lhe pede para viver, sem prejudicar quem quer que seja. Se você conseguir se libertar das convenções, a vida lhe trará situações positivas. Todo dia, terá um motivo para comemorar e seu espírito jamais envelhecerá. Só será feliz quem tiver a coragem de ousar.

72

Trate-se sempre bem. Caso contrário, atrairá para sua vida, acompanhadas da rejeição, a falta de carinho e a incompreensão. Depois, não vá queixar-se a Deus, pois Ele, com sua atitude negativa não terá como ajudar. Se você é a primeira pessoa a maltratar-se, não obterá de alguém sequer um olhar. Aprenda que quanto mais você se bater, mais da vida apanhará.

73

Você jamais se sentirá uma pessoa traída, se não se trair primeiramente. Todas as vezes que o seu poder mudar de dono, ocorrerá, na certa, o seu abandono. Há outra situação também que você não pode esquecer. Querer levar vantagem sobre alguém é praticar um engano, pois o que você fizer de mal aos outros, um dia, retornará para si. Sem piedade ou desforra, a vida lhe cobrará isso e o certo ela fará.

74

Não queira que os outros sejam e façam tudo como você. Todos nós somos um, e o que for bom para você pode não ser para o outro. Querer fazer das pessoas seu espelho é o mesmo que olhar para um quadro e não ver nenhuma pintura. Apenas o que vai dentro de si lhe pertence. Querer a energia alheia, a fim de sobreviver, é jamais se encontrar e na vida se perder.

75

Deus não exige nada de ninguém. Ele sabe a hora certa de tudo e o tempo certo para o bem acontecer. Somos nós que exigimos das pessoas o que não nos damos e podemos obter. E não são poucas as vezes que pomos tudo a perder, entrando em confusões e desenganos e tendo que começar tudo outra vez. Sejamos como os pássaros, que precisam apenas de asas para do alto poderem ver.

76

Sente-se uma pessoa angustiada? Renove-se.
Recebeu uma má notícia? Acalme-se.
Insatisfeita com sua vida? Mude-a.
Cansada de sua rotina? Altere-a.
Somatiza as emoções em doença? Transforme-se.
Recebeu alguma ingratidão? Perdoe-se.
Alguma traição ocorreu? Respeite-se.
Você quer saber COMO?
Contrarie seu modo de ser, pois, se resistir em mudar, a vida o fará, pode crer.

77

Não perca seu tempo, fazendo comentários maldosos sobre alguém. Há sempre quem queira lhe dar ouvidos, mas, ao virar as costas, criticará você também. Pare de condenar os outros, pois a vida só quer o seu bem. Se não viver em paz consigo, boas energias você não irá obter. Não fale mal de ninguém. Se isso lhe for impossível, vivendo com a língua sem a trava, com o mal irá conviver.

78

Não se sinta nunca menos, ao comparar-se com os outros. Olhando-se no espelho, verá que tudo é perfeito. Há dois olhos paralelos, uma boca, duas orelhas, um nariz, as sobrancelhas, além dos órgãos internos. Não queira ficar no "quase", achando que inexiste a metade e como se algo lhe faltasse. Analise, veja e perceba, pois, se um desses órgãos falhar, você vai achar que o mundo é feio e imperfeito. Haja paciência para aguentar!

79

Liberte-se dos preconceitos, que são normas de um grupo fechado. De um grupo que, se nascesse de novo, entenderia as coisas de outro jeito. O sol que brilha aqui, dependendo das mudanças do tempo, pode não brilhar acolá, dando abertura para o vento. Tudo na vida depende do que você precisa passar. Há necessidades urgentes, inclusive de experienciar um comportamento diferente. Não queira apontar o dedo, vivendo para condenar, achando que o certo é viver somente com os "mais que perfeitos".

80

Faça, neste momento, a paz entrar em seu coração, pois, assim, você se desligará de uma desagradável situação. Não dê valor às atitudes impensadas ou a seu desespero. Enganos acontecem, por que não? Mas que sejam passageiros. Vivendo de bem consigo, mais conseguirá afastar os dissabores, deixando para trás os devaneios.

81

É engano seu achar que precisa sempre de algo. E diz que voltar no tempo é sentir-se um verdadeiro fidalgo. Pense nisso agora mesmo. Ninguém é detentor de nada. Tudo lhe é emprestado na vida, por um certo tempo, mas não pelo tempo todo. Veja suas conquistas. O que lhe falta não faz falta. É questão de paciência. Mantenha sua calma, pois tudo é experiência. Por favor, dê paz para a sua cabeça.

82

Viva sempre de bem com você. Jamais se dê as costas. A vida olha para as pessoas de frente. Mantenha a firmeza, com atitudes favoráveis à sua existência. Ela é apenas sua. Aproveite-a enquanto a tiver. Dê as mãos ao bem-estar com alegria, que, assim, o bem virá. Nunca se abandone ou negue seu valor, pois, se conquistar a autoestima, ninguém ousará ficar contra você ou lhe negar amor.

83

Uma das melhores formas de viver de bem com todos e com a vida é saber perdoar e não olhar a quem. Deixar de fazê-lo é candidatar-se a ser a próxima pessoa a agir igual ou pior que aquele que algo desagradável lhe fez. Permanecer na mágoa é não querer entender que o melhor é não ter o que perdoar, pois cada um dá o que tem.

84

Quanto mais flexível na vida você for, mais evitará problemas de coluna e complicações. Agindo com inteligência, tudo passa a fluir naturalmente, sem que precise desgastar-se em vão. É preferível ser flexível a ficar andando na vida sempre na contramão, pois na certa encontrará alguém a medir sua força e jogá-lo no chão.

85

Se você coloca as pessoas acima de si, achando-se muito pequeno, é porque preferiu ajoelhar-se e viver em função do outro. Desprezar seu valor é achar-se menos. Nessa postura, você estará sempre na comparação, esquecendo-se do que está fazendo nesta vida e para que veio, ficando sempre no porvir. Todos os indivíduos têm um potencial inato. Basta apenas descobri-lo. Quem não tem um ideal está na hora de partir.

86

Quanto mais odeia alguém, mais naquela pessoa você se projeta. O ódio não afasta. Ele aproxima e soma. Unindo, passa a existir no seu todo, transformando-se em uma única energia, fazendo você se juntar com o mal. É inteligente quem se afasta do ódio, emanando luz e compreensão. É melhor ficar em paz do que viver em confusão. Quem vive com raiva de alguém precisa se vacinar até encontrar o seu dono, que lhe conceda o perdão.

87

Sempre que você coloca a dificuldade antes de qualquer realização, afasta de si qualquer ajuda da vida e sem nenhuma proteção. Não adianta queixar-se diante da insatisfação. Você é a primeira pessoa a acreditar no seu insucesso em qualquer ação. Seja sempre otimista em todas as situações. Não despreze seu poder nem lhe dê pouca atenção. O contrário gera invasão, com o fantasma a lhe dizer que você merece um "não".

88

Ter alguma crença não prejudica ninguém. O problema é não crer em nada, nem em si, muito menos em Deus. Viver sem rumo certo é estar em um barco sem remo e exposto a qualquer ventania, ficando à deriva ou navegando a esmo. Saiba que a vida é mágica e tem sua própria lei. Fique atento aos toques da vida, pois, em terra de gente descrente, o sensitivo é rei.

89

Tudo aquilo de que você precisa a vida lhe trará também. Não a despreze, nem se desespere, pois tudo aquilo de que você precisa, no mérito, sempre virá. Pode demorar um tempo, mas, na eternidade, tudo pode acontecer. Pode até ganhar um grande prêmio, mas aquele que não arrisca o esperado não ganha. Você nasceu para brilhar, ser feliz e viver bem. Por isso, fique longe do receio porque sua prosperidade lhe dirá amém.

90

Procure sempre se cercar de pessoas que venham a somar com você. Com elas, você aprenderá algo, ou a elas ensinará como viver no bem. Se, porventura, alguma lhe der adeus, não fique triste nem atormente a vida de ninguém. Ela apenas quis partir, para outras amizades fazer e transmitir o que aprendeu com você. Mas um dia, voltará apenas para lhe agradecer porque a saudade bateu.
O nome disso? É amor!

91

Ter fé é ter confiança em si. É crer sem ver. É sentir sem tocar. Quem não acredita em nada terá que aprender na vida que Deus é sua própria existência e quem lhe permite viver. É impossível contestar. Podem dar a Ele vários nomes, mas essa energia vital só pode ter sido criada por uma força do bem. Você está onde quis colocar-se e a vida o tratará como você se trata e como lhe convém.

92

Procure sempre fazer o seu melhor, mas analise alguma atitude e sinta se realmente não está fazendo o seu pior. Todo comportamento gera uma reação, que lhe trará, por consequência, uma experiência satisfatória ou não. Caso receba a visita do desagradável, é porque o seu melhor ainda está para acontecer. É você quem escolhe a forma de viver e prosperar. Sua vida não está nas mãos de ninguém. É preferível dar as mãos para o bem, a viver feito ostra sem pérolas a cultivar.

93

Não queira nunca ser mais do que já é. Ou você é ou não é. Sentir-se uma pessoa insatisfeita com sua maneira de ser e nada fazer sobre isso é dar asas à vaidade, esperando sempre receber, na passarela da vida, a nota dez sem merecer. Não viva comparando-se a ninguém. Só Deus merece dez. Mude naquilo que puder mudar. Exigir de si o impossível é desrespeitar-se e perder-se na vida, sem os sinais ou os toques perceber.

94

Se seu problema for falta de dinheiro, desesperar-se não surtirá bom efeito. A escassez de dinheiro está relacionada ao seu valor e se sentir bem. Enquanto mantiver a crença de que não pode expandir seu potencial, o dinheiro fugirá de você. Ninguém consegue ficar bem, sem pelo menos acreditar em si. Todos nascem sem roupa, mas, quando adultos, escolhem o que vestir.

95

Se lhe perguntarem "Como vai?" e você responder "Vou lutando", atenção: não transforme sua vida em um campo de batalhas. Caso você insista ainda em lutar para algo conseguir, saiba que estará desgastando-se, pois não é lutando que vai progredir. Pare de falar como tantas pessoas, sem pensar no que diz. Diga apenas "Vou indo bem", e, assim, o bem de você não irá fugir.

96

É bom não fazer de sua vida um drama. Todo palco requer um artista. Não insista em querer representar o papel da vítima. De pessoa coitada você não tem nada. Se está acostumada a essa personagem, a se "sentir", nunca ganhará o prêmio máximo de melhor ator ou atriz. A plateia quase sempre se identifica com os heróis, não com um tipo qualquer, que goste de ser infeliz.

97

Por qual motivo você deseja tanto a paz, se já a tem? Mesmo que insista no contrário, eu lhe digo que, se quiser, ela virá. Basta olhar para seu passado. Sinta como sua vida melhorou. Caso entenda o oposto, foi você quem a piorou. Acredite se quiser, pois há tempo para tudo. Ou muda de pensamento ou terá de mudar-se deste mundo.

98

Fuja sempre da maldade e da maledicência. Ambas as palavras contêm o mal. Elas não combinam mais com você. Não é bom ficar de mal com o bem ou estar de bem com o mal. Tudo vai dar igual, e você acabará valorizando o ilusório, o fantasioso, o irreal. O mal é fruto de uma imaginação, com a qual não é bom conviver. Ele prejudica e não perdoa ninguém. O mal é o primo pobre do bem.

99

Procure agir sempre com compaixão, ante um engano seu ou de alguém. Aplicar a crueldade é sentir-se na culpa ou culpar quem não soube fazer melhor ou nem teve como evitar. Tenha compreensão em relação a atitudes menos dignas, pois você atrai para si apenas aquilo que precisa aprender e somente recebe o que merece viver. De nada adianta reclamar. Tudo que você plantou terá de colher. Basta olhar ao seu redor e observe quem lhe quer bem.

100

Sinta em seu corpo o bem chegando, mas sem pressa. Na eternidade, não há tempo nem hora, para que na paz você permaneça. Caso não esteja se sentindo bem, não esmoreça. O bem virá, para que seu desencanto com a vida não se transforme em doença. Seja uma pessoa otimista e paciente. E faça como o sol, que para um lado do mundo brilha, a fim de que o outro adormeça.

101

Se acaso você se esqueceu de Deus ou não crê em sua existência, não se preocupe, pois terá a eternidade para encontrá-Lo. Não esmoreça. Ele existe, mesmo que não O veja. Mas, se não crer Nele, isso fará uma grande diferença. Basta olhar para si para confirmar que Deus está sempre em sua presença. E, se não O sentir ainda, repare, então, na natureza, que não foi feita pelo homem, mas sempre existiu sem nunca lhe pedir licença.

102

Por que não crê na prosperidade? Se você vive querendo prosperar e não consegue, é porque quer parar no tempo ou a ele quer dar adeus. A prosperidade não está associada somente ao financeiro, mas também à saúde, ao bem-estar, ao trabalho ou ao simples prazer de viver. Valorize-se e descobrirá que a vida lhe trará valores. Ao se desprezar, as perdas e os danos virão acompanhados de muitos dissabores. E tudo por causa desse seu preconceito insano em relação ao dinheiro. É bom parar.

103

Jamais se culpe por ter cometido algum engano. Ante a eternidade, não existe erro. Diga adeus ao remorso, pois de nada adianta lastimar o que já foi feito. Não se critique, nem queira do bem se afastar. Um dia, algo parecido virá e você acertará. O erro acontece para mostrar-lhe o que não deve ser feito. Não é errado errar. O ruim é permanecer no erro e, pela vida, com ele insistir em caminhar.

104

Pare de julgar os outros. Isso não lhe trará bem-estar. Somente aos juízes é que a lei faculta sentenciar. Quem insistir em julgar, sem que esteja investido no cargo de julgador, em um momento da vida acabará por se condenar. A mente às vezes mente, por isso não é bom criticar. A não ser que queira ficar na berlinda, para críticas receber sem cessar.

105

Não exija de quem você ama o mesmo sentimento. Isso independe da outra parte. É um sentimento que, mesmo sendo unilateral, não se pode negar. Não é sempre que ele ocorre e, quando acontece, vem junto o prazer de simplesmente se dar. Senti-lo é experienciar o divino. Vivê-lo é mais que demais. Ame e não exija amor de ninguém, porque, se o fizer, o perderá.

106

Se você quiser saber se anda de bem com a vida, olhe para seu corpo e sinta qual é a reação. Se for positiva, é porque você já saiu da rejeição. Se a sensação for desagradável, algo o está incomodando e sua vida você terá de alterar. Resgate seu amor próprio. Não deixe o que é ruim ser seu par. A vida que você tem agora é a maneira como irá desencarnar.

107

Não negue mais sua natureza. Você nasceu para ser uma única pessoa e a melhor naquilo que precisa realizar. Negar-se é achar que Deus errou, quando a vida sempre algo lhe quer dar. A natureza jamais erra. Ela apenas lhe mostra que as diferenças existem para que você chegue a uma única conclusão: de que a vida apenas se realiza com a existência de cada um e precisa de você para se completar.

108

Valorize sua vida em todos os seus aspectos. Ela tem várias propostas e não aceita lamentos. Em qualquer atividade, faça sempre o seu melhor. Não estrague sua existência, atraindo para si o que houver de pior. É preferível ficar sozinho a conviver com indesejável companhia. Alegre-se com os bons momentos por que você irá passar, pois, assim, sempre conseguirá viver um bom dia. Olhando tudo do alto, o que estiver embaixo sumirá.

109

O dinheiro é bênção que vem de Deus. Menosprezá-lo ou usá-lo para fins nos quais o bem não se fará presente é afastá-lo de sua vida, mesmo que o persiga na mente. Multiplicá-lo honestamente é uma arte, cujo resultado é a realização do progresso a que todos almejam alcançar. Quem não o respeitar acaba por se perder. Não adianta desprezar o dinheiro. Agindo assim, muito desejará realizar e nada conseguirá fazer.

110

Não exija uma solução drástica para uma experiência triste, dando um fim à sua vida da pior maneira que existe. A vida é mágica e faz com que você não consiga chegar ao fim, pois não existe um fim. Mesmo que não acredite nisso, você viverá para sempre, nem que seja, por um tempo, na mente dos que ficarem. É assim que a vida prova que em tudo ela está presente.

111

O momento não é de contestar; é de entender. O carinho não retribuído, o dinheiro que não vem, a traição de um amigo, tantas coisas a comprar sem poder. A dor incomodando o corpo e a doença chegando, sem você perceber. Tantos problemas ocorrendo. A perda do emprego e a debandada da paz. Não reclame, pois foi você quem tudo criou. Não vale a pena chorar. É preciso alterar o comportamento e da baixa estima correr.

112

Não se atormente ao sentir que chegou o momento de mudar, deixando o ruim de fora. A vida altera a forma do seu viver, sem que você perceba. Basta apenas querer e deixar a tristeza ir embora. Cada dia que passa, as mudanças vão ocorrendo, alterando para melhor o seu comportamento. Mesmo não crendo que chegou o momento, esta é a hora. Olhe para seu corpo. O ato de respirar você não controla. Repare como outras ações involuntárias estão acontecendo agora.

113

Se algo não estiver bem com você, não traga o desespero de volta. Quem se desespera acaba por se perder. O problema aumenta, a calma foge, a raiva explode e a neurose chega. E tudo isso acontece sem pedir-lhe licença. São energias negativas, que consumirão o pouco que lhe resta agora. Por isso, para sair dessa briga, mude suas atitudes e caminhe a favor da vida, mandando a tristeza embora. Ou vai preferir os remédios, seus companheiros de jornada, dizendo que quem corre por gosto não se cansa? Haja pernas e estômago!

114

Caso queira alterar algo por meio da explosão, não o faça, pois estará exercendo a pior das emoções. A vida lhe mostrará que a consequência não resolverá a situação. Você fará como uma panela de pressão, que, quando explode, joga tudo para o ar e não vê direção, sem contar com a sujeira que ela faz. Por isso, para algo mudar, não se utilize mais da agressão. Tenha calma, analise. E, se quiser mesmo alterar algo, você tem inteligência de sobra e para isso não faltará ocasião.

115

As doenças são manifestações de atitudes ineficientes. Elas aparecem porque precisamos alterar algo. Com crianças isso também se dá. O corpo é de infância, mas o espírito é milenar. Fora da matéria, em estado de sono, o astral nos ajuda a tudo alterar. E isso depende das necessidades que cada um de nós precisa experienciar. A dor virá, quando o melhor não quisermos praticar. Recebemos tantos toques da vida, que ouvimos sem escutá-los, mas o corpo vai sentir e reclamar.

116

Se vier a sofrer ou passar por traição, pare para analisar. Não vista a fantasia da vítima, nem queira também se enganar. A vida lhe mostrará. Você não é a primeira pessoa a se maltratar. Quantas vezes você traiu seus sentimentos, suas necessidades, seus desejos, não se respeitou e até as costas acabou por se dar? Resgate sua autoestima e comece a se valorizar. Não custa nada tentar. Dê atenção aos toques que a vida lhe dá.

117

Se você vive dizendo que está batalhando para prosperar, perceba o que quer falar. As palavras têm muita força. Com elas, podemos destruir ou do bem nos afastar. Viva em paz, sem precisar batalhar. Ninguém fica tranquilo em um campo de batalha. Com a vida não se pode guerrear. A maneira que você vive e as palavras que articula é a morte que terá. Ande a favor do vento, sem as espadas pegar.

118

Não faça de alguém suporte para viver. É raro passar para o outro lado da vida em par. Caso isso ocorra, pode ser desagradável, pois as pessoas se encontram, por alguma razão, para juntas um fato experienciar. Quem, sem necessitar, quiser ajuda para viver não pode se queixar se algo de ruim lhe acontecer. Na vida, tudo é uma troca e todos precisam colaborar. Ao fazer alguém de muleta, saiba que a dor chegará de mansinho e o envolverá numa encrenca.

119

Se faz sol, você reclama. Se chove, reclama ainda mais. Dessa atitude é bom se livrar. Um dia, a vida escolherá você para daqui levar, a fim de o universo alterar, como se isso fosse possível. Assim, entenderá que tudo está certo e vai querer retornar, para novamente sentir o calor do sol, a chuva tocar, a sede matar. O que para alguns é um problema, para outros o fato ocorre apenas para que a vida venha a melhorar. E o que não tiver solução, solucionado está. Pare de reclamar. Ou muda por bem ou o mal o abraçará.

120

Não viva pedindo para Deus lhe dar algo. Dê também, para que a vida possa presentear você. Quem vive com a mão estendida só quer saber de receber e de nada ofertar. Nessa enganosa posição, você receberá apenas o necessário, sem direito a reclamar. Viver com dignidade é fazer por merecer. É não ter que a coluna dobrar, nem as mãos precisar estender para mendigar.

121

Fique sempre ao lado da verdade. Não opte pela confusão. A mentira sempre gera desagradável e irreversível separação. Não invente nem aumente, para não perder a razão. Viver sem causar transtornos é uma ótima opção. Não se agrida nem agrida ninguém. Respeitar-se é obrigação. Observe com bons olhos, mas não entre na ilusão. Ficar nessa atitude é atrair desilusão.

122

Não existem receitas mágicas, para alcançar o sucesso. A magia está na atitude de nele crer e em seu melhor praticar. É importante saber onde você precisa mudar. Não dê passos mais largos que suas pernas possam aguentar. Não se desvalorize nem queira os outros invejar, pois quanto menos acreditar em si, menos sucesso terá.

123

Não podemos comprar talento. Todos nós nascemos com um, mas, nas atitudes contrárias, dele podemos nos afastar. Acreditarmos em nosso potencial é com Deus colaborar. Ele não erra nunca e sempre nos quer ajudar. Por isso, é bom dos medos e do desânimo nos livrarmos, para que, na vida, possamos o bem realizar. Ficarmos no desalento é dar as costas aos nossos talentos.

124

Na vida, não há sorte nem azar. O que existe é vontade de progredir ou de parar. Todos nascem para crescer e isso não se pode contestar. Você pode atrair o bem ou dele se afastar. O desagradável, dependendo de sua atitude, você conseguirá sempre evitar. Acreditar em sorte ou azar é não querer sair do lugar, exigindo que alguém faça por você ou por preguiça se acomodar.

125

Não creia na existência de um Deus punitivo. Essa ideia só está em você, que acredita na punição para fazer o correto. Não se critique nem se destrua, pois a vida lhe dá aquilo de que você precisa para viver. Às vezes, você prefere andar por caminhos difíceis demais e ir ao encontro da dor. Sente os espinhos tocarem seu corpo, mas sempre lhe restará uma flor. A você cabe optar: andar a favor da vida ou dela sentir horror. Escolher a última é viver na ingratidão.

126

Desesperar-se ante uma prova é não acreditar que tudo muda. Você é passageiro do tempo e o que tem é emprestado por anos ou por alguns momentos. Não faça de sua vida um martírio nem tenha maus pensamentos, que saem de sua mente ilusória, mentindo constantemente. Nos mares da vida não existe apenas água salgada. Após uma tempestade, vem sempre a água doce para saciar sua sede.

127

Viver de aparência é nunca aprender a conviver. Mantenha sua verdade, para não ter mais que sofrer. E assim, no seu proceder, não sentirá qualquer dor, deixando de praticar certos atos, não atraindo para si o que não é mais para ter. Evite problemas na vida, sem precisar se esconder. Não faça mais "tipo" ou "gênero". Observando a Mãe Natureza, aprenderá a ser só você.

128

O que não lhe pertence não é para ser seu. Se obtiver algo de maneira enganosa, acabará por perder, se perturbar e sofrer. É aí que os toques da vida vêm, tiram-lhe a fantasia da ilusão e devolvem-lhe a certeza de que você nada detém, para que descubra que é Deus quem lhe dá ou tira tudo de que precisa para viver.

129

A vida, neste momento, está pedindo-lhe uma atitude: fique de bem consigo. Não se abandone ou se engane, nem se distancie do bem, fugindo para se encontrar, tendo um longo caminho a percorrer. Você entenderá que está onde se colocou, por querer ou sem querer. Não adianta reclamar. Isto é apenas uma lei. Terá que provar ser capaz de viver não por viver. Deus lhe deu a vida, para que despertasse do torpor e andasse com as próprias pernas, sem precisar de apegos e se quiser parar de sofrer.

130

Romper com o passado, repleto de choro e de mágoas, e deixar de ser uma criança mimada é agir com inteligência,. Na certa, a vida vivida deixou-lhe marcas à desforra, mas evite afundar-se na raiva se quiser viver bem agora. Achando que não vale a pena, o seu nó você nunca desata. É o buraco da rosquinha, feita com farinha e água, e você olhando o orifício, acha que ao redor não tem nada. Por favor, procure fazer o bem. Isto sim é o que faz falta.

131

Trabalhe com respeito e dedicação. Se conseguir colocar ambas as atitudes em dia, afastará o desemprego e evitará confusão. Na vida, ganha quem merece e perde quem vive a queixar-se. Chora quem quer enganar-se. Em desacordo com alguma situação, dialogue antes de perder a razão. Não transforme seu trabalho, bênção de Deus, em provação.

132

Se alguém chegar a você para se aproveitar, é sinal de que a vida está mostrando-lhe o quanto é ruim se desrespeitar. Resgate seu poder e passe a se posicionar. Agindo assim, a firmeza transparece, e todos passam a considerar sua pessoa. Para querer respeito, é importante conquistar a autoestima. Se você é a primeira pessoa a se odiar, será a única quem irá se suportar. Você não vai se aguentar. Haja unha para roer e chicote para se espancar.

133

Se você perdeu algum objeto de valor, preste atenção ao que a vida lhe quer indicar. Ela está mostrando-lhe, para seu próprio bem, o quanto você passou a se desvalorizar. Resgatando seu valor e respeitando-se também, a vida não lhe tirará nada, com você somará e lhe dará muitos presentes. E nada de passar para frente, a não ser que queira presentear quem estiver descontente.

134

Se sentir ou souber que alguém está traindo você, pergunte para sua essência e comece a analisar. A vida lhe dirá que você é a primeira pessoa a se menosprezar. Contestar com a revolta, em atitude apaixonada, querendo uma satisfação e brigar, é passar para si atestado de incompetência e se desvalorizar. Ninguém perde algo, quando nada tem para dar. Quem sabe não é bom de companhia mudar? É o outro lado da moeda, que serve para consolar. Força! Altere seu comportamento e faça de alguém seu par.

135

Se estiver em depressão e nenhuma saída encontrar, a não ser sair desta vida, é melhor repensar. É querer trocar de problema, que você terá de resolver aqui ou em qualquer outro lugar. Viver é um ato divino, que remete as pessoas a experiências e só as fazem melhorar. Mesmo que você queira, não conseguirá sua vida acabar. Ficará na mente de quem sempre de você lembrar e com quem se ligar.

136

Todas as vezes que se sentir mal, é bom perguntar de onde isso vem. Se for de você, a vida lhe mostrará, por meio de algum fato, como modificar. Caso venha de fora, não deixe a oportunidade ir embora. Chegou o momento. É agora. Feche os olhos. Respire fundo. Entre na calma. Assim, sentirá a energia da pessoa com quem você está se ligando. Não brigue com ela, nem queira retrucar. Sinta como é mais prazeroso entender, esquecer, e não ter o que perdoar.

137

Ao sentir saudades de alguém, aproveite e deixe uma boa energia passar. É um sinal de que a pessoa está precisando e que você poderá ajudá-la. Por meio dessa atitude, a vida lhe mostrará o quanto ainda você tem para dar e lhe devolverá na mesma intensidade e proporção. Para fazer o bem, há sempre ocasião e lugar. Não precisa fazer esforço. Basta vibrar o bem.

138

Fuja da crítica ou de qualquer julgamento. Quando você critica, está se confessando. Quando não, está querendo dizer que "dessa água não beberá". Entretanto, o tempo passa e a vida sempre mostra que você também tem sede e terá que a saciar. Tudo que critica em alguém, você acaba, às vezes sem perceber, por fazer pior. E é assim que começará a se maldizer.

139

Para provar sua razão, jamais grite, pois estará trocando de lugar e criando mais confusão. Nessa pobre situação, sairá do seu centro, além de perder energia e atrair obsessão. Todas as vezes que, para mostrar o correto, tiver de espernear, você gerará incompreensão e chegará a uma só conclusão: todos vão querer gritar e ninguém estará com a razão.

140

Saiba que você é uma peça importante no cenário da vida. Sem sua existência, a vida não poderia acontecer. Valorizá-la é atrair para si harmonia. A prosperidade, o amor, a amizade e o bem ela também se encarregará de lhe trazer. Manter a mente na alegria é afastar-se das doenças. Ligar-se com a tristeza é distanciar-se do melhor, que você já tem para viver.

141

Caso não acredite em nada, pelo menos creia em si. Olhe para si mesmo e veja como Deus é mais que demais. Tudo está certo e perfeito, em seu devido lugar. Vários órgãos estão trabalhando, sem que você precise controlá-los. Em sua incredulidade, dirá que é a natureza acontecendo e querendo também trabalhar. Não se esqueça de que, para a natureza existir, alguém precisou criá-la.

142

Quem não acredita na existência de Deus não precisa se preocupar. Ele existe mesmo sem você Nele pensar. Deus está sempre seguindo seus passos e jamais vai questionar. Mesmo que você não O veja, Ele está em todo lugar. Alguns O chamam de átomo, outros de energia a condensar. Há os que acreditam em obra do acaso, sem querer sentir que Deus não está fora, mas dentro de nós a criar. Observe seu grande poder o mundo a modificar.

143

Prepare-se para as mudanças. Elas chegam a todo o momento e para seu bem-estar. Na vida tudo muda para melhor, e temos Deus para nos guiar. Na eternidade não há perda, nem tragédia que possa para sempre ficar. O ser humano pensa poder controlar a vida, mas ela não aceita controle. A vida acontece apenas para ser vivida, sem nada nos obrigar.

144

Não tenha medo de morrer. Quem teme a morte é porque não quer viver. Viva simplesmente e saiba partir sem sofrer. Aproveite seu presente, porque este é o momento de se descobrir e se encontrar. Não embarque antes da hora por tanto medo de viver. Não se sinta uma pessoa sofrida. Quanto mais se preocupar com a morte, menos sua vida ficará nutritiva, vazia, sem nada querer.

145

Não seja menos bom nem inocente demais. Encontrar o meio-termo é o que o satisfaz. Tudo em escassez acaba mal, e no exagero você se desgasta. O ideal é agir com ponderação. Nada de atitudes impensadas ou qualquer omissão. Quem corre demais se cansa e água terá de beber. Preste atenção: até a água, em exagero, não lhe faz bem. Ela inunda a terra, estraga a plantação e faz morrer.

146

Seja uma pessoa persistente. Não deixe o desânimo abater sua vida. Todas as vezes que você fugir do problema, mais ele o perseguirá. Faça como as ondas do mar, que também precisam existir e que, para se formarem, necessitam apenas subir. Emergindo, elas têm força para se movimentar. Movendo-se, transformam-se em espuma e conseguem, com seu barulho, aplaudir a força do mar.

147

Não tenha medo de dividir. Acaba ganhando sempre mais aquele que conseguir, pois a vida somente dá para quem souber repartir. É por isso que você não nasce só, pois precisa de um braço amigo para ampará-lo, a fim de que possa progredir. Prosperando, você estará colaborando com a vida, que nada lhe pede, a não ser ajudar a quem estiver no mérito e nesse bem persistir.

148

Não tenha medo de se expor. Ninguém é mais que ninguém. Todos nascem para fazer seu melhor e apenas para viver. Tudo que você fizer a alguém atrairá para si também. Desse modo, é salutar que você sempre viva sem "ter que". Fazendo o bem, sem algo em troca querer, já está bom demais. Não queira ser o que não é para não se perder. Assim nunca terá medo e de bem com a vida viverá.

149

Nunca dê atenção para aquela voz mental, que vive atrás de você, sempre quando algo de bom lhe irá acontecer. Seu nome é ego e não aceita ser contrariado. Quantas vezes você lhe deu ouvidos, prejudicando-se, limitando seus desejos, tornando-se uma pessoa arrasada, e entrou na depressão de ser nada? Saiba que é preferível ouvir-se, a seguir as ordens de um fantasma.

150

Para que tanta tristeza nesse corpo que lhe pede vida? De nada adianta se atormentar por algo que já aconteceu e lhe tirou a alegria. Resta-lhe somente uma atitude: compreender para bem viver, acompanhando o seu bem-estar. Fique sempre do seu lado. Jogue fora seu passado e não queira mais se perder. Neste mundo de meu Deus, um fiel amigo lhe restará: alguém pela eternidade, cujo nome é "você".

151

Quanto mais você reclama, mais terá que aguentar. Ninguém é obrigado a ouvir o que alguém precisa passar, afinal, foi você quem quis se enganar. Viver lamentando a vida que leva, sem nada fazer para alterá-la, é querer cansar os outros. Pare de chorar como criança mimada, como se estivesse diante de um brinquedo que a vida lhe quis tirar, apenas para que cresça e se modifique nesta vida.

152

Se você sonhar com algo desagradável, não vá pensando que isso irá acontecer. Às vezes, os sonhos lhe mostram uma necessidade de mudança, outros o prazer que precisa ter em viver. Procure analisá-los com precisão para perceber que, quase sempre, uma inversão você precisa fazer. Se o sonho for bom, agradeça a Deus. Mas, se acordar no susto, diga então: "Vá com Deus".

153

Se você se incomoda por ser diferente, saiba que isso não é motivo para tal. Apenas os diferentes se destacam e servem de modelo para os iguais, que sempre serão os mesmos. Olhe a seu redor e perceba que ninguém é igual. Ocorrem apenas semelhanças, mas a criatividade está nas diferenças. Então, seja original, viva para o bem e sem se comparar. Terá sucesso quem ousar. Os ousados sempre vencem, para que os iguais possam neles se espelhar.

154

Não reprima seus sentimentos. Eles aparecem porque querem apenas seu bem. Medo de amar é medo de viver. Ame simplesmente, sem nada esperar de alguém. Pelo simples fato de amar, você já tem o melhor que a vida pode oferecer-lhe. Sua sensibilidade aflora. A alegria vem. Deus já lhe mostrou o quanto zela por você. Ame sem sofrimento e viva pelo prazer divino de viver.

155

Não se desespere com a dor. Sabemos que ela é desagradável, mas, se lhe fizer uma visita, analise o toque que a vida lhe quer dar. A dor chega para aparar as arestas. Com isso, o orgulho mudará de endereço, a vaidade mudará de lugar, a crítica perderá o rumo e o bem em você se instalará. Se com o ruim se deparar, faça sempre o seu melhor. Não perca jamais sua calma, a fim de afastar-se do pior.

156

Não queira mostrar às pessoas somente o seu lado bom. O que ainda não estiver bom também existe e vai contrabalançar, mas é melhor não permitir que a balança do orgulho vá direto ao chão. Suas atitudes têm um endereço certo, qual seja, o bem que já está em você ou o bem que virá para ficar. Tudo muda para melhor. Não importa o tempo que demorar, pois sempre é hora de fazer o seu melhor. Não acredite no pior e afaste-o quando ele chegar. E nem pense em correr, porque Deus, por meio de você, sempre o bem realizará. Para isso faça um ninho, para nele poder se instalar e voar.

157

Se você não se sente bem com a vida que leva, mas não tem vontade de mudar ou diz não conseguir, então pergunte a si mesmo: “Qual é a vantagem disso?”. Com certeza, a vida lhe mostrará que você não muda porque não quer, pois alguma vantagem há. Ou é medo de coisa nova, ou é crença de que não vale ou não será bom a pena mudar. Então, continue a viver no pior, mas você não aguentará. Quando perceber, já mudou, pois a vida é uma eterna mudança para melhor.

158

Se algumas vezes você se sentir uma pessoa inadequada, é bom mudar de atitude. Sentindo-se assim, é sinal de que está vivendo de comparação e sempre a se enganar. Saiba que igual a você não há. Esse seu jeito de ser pode até incomodar, mas nunca queira enquadrar-se num modelo que não satisfará você em nada. Mantenha sua individualidade e respeite-se. Cada pessoa tem seu talento, que Deus lhe deu para prosperar.

159

Mantenha o equilíbrio em tudo que fizer. Agir com ponderação é ser uma pessoa diferenciada das demais. A calma atrai a paz e, com bom senso, o ruim você jamais irá somatizar. Mas a doença virá, se você não conseguir se centrar. Quem se sente no bem-estar, nesse estado de graça quer permanecer. Faça de sua vida uma poesia sem par, em que todos os versos rimam com você.

160

Nem tudo que reluz é ouro, mas tudo que brilha pode atrair um olhar. Brilhe cada vez mais, procurando fazer sempre seu melhor, a fim de encontrar a luz interior, que lhe trará a paz. Com seu clarão, o sol ilumina e aquece sem cessar. Deixe que ele entre em seu corpo e sinta como é imensa a força que você possui, quando quer realmente algo transformar.

161

É muito salutar ajudar alguém que esteja precisando de você, mas ajudar não é fazer as coisas pela pessoa. Sempre que interfere na vida alheia, impede seu crescimento, trazendo para si responsabilidades e experiências que não lhe pertencem. Colabore sempre, mas com cautela, pois assim estará ensinando quem precisa a andar com as próprias pernas.

162

Procure não fazer de seu corpo um depósito de substâncias que danificarão sua saúde. Ela é valiosa e quase sempre você percebe isso quando a perde. Assim, haja com ponderação em relação àquilo que for ingerir. Lembre-se de que lhe foi dado esse corpo, apenas para lhe proporcionar alegria e prazer. A dor vem em face de sua atitude, que insiste em desrespeitar seu próprio bem.

163

Se você trabalha com o público, procure agir com paciência e use de muita compreensão. Você não está ali por acaso. Alguns chegarão bem, outros não. Responder com agressão é ser igual ao agressor e assim você não aprenderá sua preciosa lição. Use sempre a calma e não perca a razão, pois, se agir com desrespeito e brigar, ganhará uma úlcera ou um problema no coração.

164

Se porventura você se sentir uma pessoa desrespeitada, saiba que não é vítima de nada. Apenas coautora de uma atitude desagradável, que gerou a dura pancada. Analise a situação e veja que você é a primeira pessoa a desrespeitar seus desejos e não quer entender isso. Tudo o que lhe acontece fora é a vida mostrando-lhe o que já está fazendo consigo, às vezes sem perceber.

165

Nunca parta do princípio de que você não tem sorte na vida. A verdade é que sorte ou azar são palavras, que existem para aquele que não acredita no próprio poder. O que você vivencia é decorrência de atitudes eficientes ou não, que lhe trazem experiências por que passará ou já passou. Você está onde quer ficar e onde se colocou.

166

Se você estiver enfrentando um problema financeiro, com certeza não está sabendo conduzir-se na vida de maneira eficaz. Procure liquidar suas dívidas vencidas. É contra a prosperidade dever e não pagar. Quanto menos pagar, mais se endividará, e quanto mais dever, mais se desesperará e fará sua vida piorar. Tenha Deus como sócio, fazendo seu melhor, que, assim, nada lhe faltará.

167

Mesmo que você se sinta uma pessoa abandonada, saiba que nunca está completamente só. Existe uma força superior, que lhe deu a vida, mostrando-lhe que, mesmo no final de uma etapa, vale a pena viver sem dó. Tudo passa e o que permanece são as atitudes favoráveis a seu entendimento maior. Viver com disciplina faz bem à alma, que nunca vai virar pó.

168

Não queira ser justiceiro de ninguém. Assim, estará passando ao universo um atestado de que você nunca correrá o risco de igual ou pior fazer. Logo virá o engano. Ninguém tem condições de ser exemplo modelar a alguém. Mesmo aquele que tem atitudes eficazes possui um pensamento, que às vezes critica e condena, sem qualquer critério e até mesmo sem querer. Isso também não é bom. Vai cair e doer. Bom mesmo é por água na boca, toda vez que for abri-la para falar mal de alguém.

169

De vez em quando, procure pisar na terra ou na grama com os pés descalços. É bom entrar em contato com a natureza, sentindo a terra batida tocar seus pés no chão. Suas energias se renovam e, ao encontrar alguma árvore, se sentir vontade, abrace-a e agradeça a Deus por ser uma pessoa sadia, sem necessidade de recorrer às drogas nem da vida escutar sermão.

170

Sempre que alguém lhe pedir ajuda, colabore, mas aproveite e ensine a pessoa a fazer algo por si mesma. Qualquer experiência desagradável, que venha a acontecer, será fruto de um comportamento ineficaz, que ela precisa aprender. De maneira bem simples, explique que, quando uma pessoa pede que façam algo por ela, um dia terá que fazer sozinha sem choro nem vela, perdendo a oportunidade de concretizar seus sonhos e de crescer.

171

Você não é fruto da sociedade. Isso é pura bobagem. Você é e sempre será fruto de Deus. É Ele quem lhe dá a vida, que terá que ser vivida da maneira que você optar. Escolha sempre a melhor maneira, sem se contrariar ou os outros copiar. Saiba que você é a única pessoa que ficará ao seu lado e pela eternidade terá que se aguentar. Por isso, é bom parar de se rejeitar.

172

Caso se sinta uma pessoa insegura no emprego ou nos relacionamentos afetivos, saia logo dessa sensação. Isso ocorre porque você, por descrença em seu potencial, procura a segurança externa e sempre sem solução. A arte de atrair sucesso para si, no trabalho ou nos assuntos do coração, é acreditar em seu próprio valor. Seja flexível em qualquer situação. Deixe que a vida lhe dê toques, para que possa aprender a lição.

173

Se em alguma situação você se sentir uma pessoa deslocada, é porque está ligando-se a alguma vaidade, querendo agradar a todos, achando-se mais que demais, sem nenhuma explicação. Uma forma eficiente de se desfazer dessa sensação que não combina com você é desvalorizando-a, entrando no "nem tchum" e descobrindo que a vaidade possui apenas uma função: tirar-lhe o tapete, jogando você no chão.

174

Sempre que o dinheiro lhe faltar é porque você está se limitando. Não estabeleça limites para prosperar. Acredite que você é um ser eterno e que, na eternidade, não há limitação, a não ser que acredite nisso. Caso não aceite essa constatação, você, com certeza, já está em seu limite. Não se espante nem reclame. Na vida, você atrai ou afasta, e tudo será uma lição.

175

Você, que possui uma companhia na vida, procure manter sempre acesa a chama do seu amor. Algum dia, você se arrependerá de agir com a pessoa como se fosse seu pai ou sua mãe. Se assim o fizer, na hora de trocar energia, terá que dizer adeus. O prazer não vem e, mesmo que vocês fiquem juntos, a separação se concretizou. Afinal, com a lucidez e a cabeça em seu devido lugar, sexo com o pai ou com a mãe não dá nem para sonhar em fazer. Permanecendo nessa atitude, serão dois bons amigos a conviver.

176

Não seja exigente com as pessoas. Cada um dá o que tem, e você recebe na merecida proporção. Pare e pense qual é a razão de estar convivendo com alguém que não corresponde a seus anseios e ainda lhe diz que é ingratidão. Você já está em um processo de autodesvalorização. Respeitando-se, encontrará a pessoa certa. É aí onde reside a solução.

177

Às vezes, você recebe a visita do desânimo
e começa a ver a vida com total desencanto.
Nada dá certo e tudo emperra, trava.
O carro enguiça, a bateria acaba, o relógio
quebra, o pneu fura, o cansaço chega, e você
não para de perder energia. Entenda um toque,
pelo amor de Deus: desânimo é a perda da alma.
Com ele, você atrairá situações desencontradas,
perderá a calma, tendo a doença como sua
única e fiel companheira de jornada.

178

Não fique se questionando de onde você
veio ou para onde vai. É na surpresa que
reside o prazer de viver e o desejo de amar.
O passado já foi e revivê-lo, sem razão, de nada
adiantará. Viva seu presente com alegria e
satisfação, pois só o agora existe, e não
espere o depois, porque será em vão.
Quando o amanhã chegar, já será hoje.
É bom viver sem ilusão, para não
experienciar desilusão.

179

A vida é mágica e você sabe disso. Basta olhar para a natureza e verá como é diferenciada. Tudo no lugar certo e com sua devida função. Se olhar para o alto, verá que estrelas brilhando estarão. Abaixo, verá que Deus deu a todos a continuidade do poder de criação. É por essa razão que o ato de viver bem se torna bom. Viver no bem é não dar força à decepção, pois todos nós aprendemos a driblar a imperfeição. Tudo no mundo está certo. Só o "perfeito" acha que não.

180

Pare de reclamar da vida, sem mudar sua situação. Você é o único autor do seu destino. Perdendo-se pelo caminho, estará passando a si — e sem trégua — um belo atestado de incompreensão. Caso não esteja contente com a vida que leva, é porque a vida o está levando a entender que tudo depende de suas intenções. A escolha é somente sua de viver na companhia do bem ou não.

181

Se você acredita em pecado é porque não acredita em si e entrou nas tabelas humanas sem questionar o porquê. Um dia, você perceberá que muitas atitudes incorretas aqui são corretas ali e que cada povo possui sua forma de ver o mundo. Descobrirá também que o pecado foi ter dado a outra pessoa seu intransferível poder, deixando de respeitar seu inteiro querer.

182

Quantas vezes você já se perguntou o que está fazendo aqui, neste mundo de horror? Acredita no pior e que não vale a pena viver. Entra no drama do carma e crê que, para sua perdição, em sua vida uma tragédia poderá acontecer. Todas as pessoas que agirem assim serão convidadas para um jantar à luz de velas, com uma companhia sinistra, que se chama autodestruição.

183

Sabemos que na vida nem tudo são flores, mas podemos transformar tudo sem dores. Para isso, basta entendermos que nossas experiências são consequências de nossas atitudes. A qualquer momento, podemos alterar nossa situação. Entretanto, ao dizermos que não conseguimos é porque não vemos vantagem em mudar, ou não queremos perder de alguém a proteção.

184

Se você come em demasia, é porque acha que amanhã a comida lhe faltará. É a mesma coisa que olhar para um problema e não o querer solucionar, achando que ele está incomodando, mas fora do seu lugar. Comer demais não ocorre porque seu corpo pede para um vazio no estômago você completar. O que lhe falta é disciplina na vida e saiba que um dia ela lhe cobrará. Os problemas que o afligem e a comida em exagero você não conseguirá afastar.

185

Para que tanta tristeza, para que tanto penar? Afinal, seu mundo não caiu, então pare de reclamar. Agindo assim, afastará as pessoas que queiram com você estar. Viva de bem com a vida, pois neste momento ela é única e tem tudo para lhe dar. Basta você perceber o que ela lhe quer mostrar. Se estiver ruim por fora é porque você, por dentro, igual já está.

186

Fuja do pessimismo. Ele faz sua vida piorar. É fruto do seu ego, que só lhe serve de tormento. Saiba que você nasceu somente para brilhar. Basta querer e acreditar. Na estrada, pode haver pedras, mas ultrapassá-las é seu dever e você precisa caminhar. A rosa pode ter espinhos, mas não é por isso que deixa de enfeitar. Deus lhe deu a vida e saiba sempre esse momento aproveitar.

187

Antes de prosseguir com suas lamentações, pode parar. Não dá para ficar perto de alguém, que vive queixando-se sem cessar. Além de ser enfadonho, é dureza aguentar. Se você conhecer alguém que vive nesse estado, sugira-lhe que é bom mudar. Se não alterar por bem, o mal terá de aceitar. Ninguém é depósito de lixo. Quem sujou terá que limpar.

188

Se você é uma pessoa preocupada em agradar os outros, é porque está cada vez mais longe do seu equilíbrio e do natural. Sabe o que vai atrair para sua vida? Falsidade, traição, e de nada poderá reclamar. Você é a primeira pessoa a querer aparentar. Acostumada a dizer sim, mas querendo dizer não. Agindo dessa maneira, só atrairá para sua vida engano e desilusão.

189

Procure não se apegar a nada. Companhia é bom demais, mas evite a dependência. Ela só acarreta sofrimento, abraçado à solidão. Todos têm muito de si para dar e a vida exige que cada um faça sua parte, deixando Deus a Dele completar. Depender dos outros é achar-se inútil e incapaz, e isso não é salutar. Todos nós temos um potencial a ser usado e o dever de com a vida colaborar.

190

Se você cometeu um engano, procure não se arrasar. Afinal, não foi por querer e com certeza poderá consertar. Caso não haja conserto hoje, lá na frente a vida consertará. Da próxima vez, você saberá fazer melhor. Entrar na culpa é fazer tudo piorar. Você ganha uma doença e nada irá alterar. Fique sempre do seu lado e pare de se desprezar.

191

Não olhe com maldade para onde não reside o mal. Agindo assim, estará trazendo para sua vida situações desagradáveis, a fim de que você perceba o quanto é desigual. Olhe para a atitude das pessoas, sem ânsia de querer julgá-las. As aparências enganam e nunca são reais. Não temos o direito de fazer as pessoas pensarem como nós e desejarem que todos nós sejamos "normais", pois "normal", de perfil, ninguém é.

192

Aproveite seu tempo com atitudes que lhe trarão bons resultados. Não perca suas energias com pensamentos negativos e desencontrados. Eles se transformarão em doenças, que indicarão como você se distanciou de seu bom estado. A vida sempre traz o ideal para todos e não será você quem irá mudar o livre-arbítrio de alguém. Cada um dá o que tem, portanto, pare de condenar os outros.

193

Não se ligue à tragédia. Repare como você fica, todas as vezes que olha um fato com exagero de sensação. Saiba que os envolvidos atraíram essa situação por alguma razão. Ficar observando experiências dolorosas é querer atrair para si a mesma provação. A vida nunca erra. Ela apenas lhe mostra que você pode fazer melhor, a fim de que consiga alçar voo. E, se você prestar atenção, verá que, olhando o fato do alto, o que era sim vira não.

194

Procure não entrar na insatisfação alheia. Todas as vezes que assim o fizer, estará se intrometendo sem qualquer solicitação. Cada um traz para si o que precisa aprender e não será você quem resolverá as necessidades que os outros venham a sentir. Se não conseguir deixar de se envolver com essa energia, é porque, na certa, sua carência começou a se refletir em alguém.

195

Creia que a prosperidade existe, independentemente de raça, sexo ou cor. Ela precisa de você para sobreviver e, ao se concretizar, é Deus mostrando seu ser. Não afaste de sua vida o que já lhe pertence por direito, senão você regredirá. Você vive para prosperar e esse verbo precisa conjugar. Prosperar não só no dinheiro, mas também no amor e no prazer de ajudar, aprendendo e ensinando o outro a progredir. Só assim o povo altera sua história e aprende a não se excluir, largando sua vida nas mãos de quem não sabe conduzi-la.

196

Preocupar-se com algo, que ainda não ocorreu, é atrair para si uma situação onde só o pior vai existir, pelo menos no seu campo mental. Não esqueça que a mente quase sempre mente. Procure agir com tranquilidade nas situações de desafio, usando seu potencial para de você o bem não fugir. A vida sabe onde fica a trave e sempre seu gol vai garantir. No palco da vida, bom mesmo é ser ator ou atriz.

197

Pare de se torturar pelas atitudes desagradáveis por que passou. Se foi você quem as causou, a parte contrária atraiu para si e de alguma forma colaborou. Cabe a você reverter o processo, sendo mais transparente e não entrando na culpa de quem errou. Aprenda de uma vez por todas que na vida não há erros, apenas acertos que Deus criou.

198

Ao se deparar com alguém lhe pedindo esmolas, veja que toque a vida lhe quer dar. É péssimo estender a mão em direção ao nada. Quem espera nunca alcança e acaba por atrapalhar. Quantas vezes você pediu ajuda a Deus e Ele às vezes lhe disse "não". Ele faz para mostrar-lhe que você também é capaz de se erguer sem que Ele tenha que lhe estender a mão, já que você pode trabalhar e sair da situação. "Está difícil", você retruca. "Não tem emprego", diz com força total. A vida jamais descartará ou distribuirá safanão a quem tem algo para dar.

199

Quando for realizar qualquer trabalho, faça-o dando o melhor de si. Sempre alguém reconhecerá seu valor. Agindo assim, você deixa a vida acontecer. Pode acreditar: diante da eternidade, nada fica por fazer. A vida lhe dará, na mesma proporção, o que você vier a merecer. Em algum lugar do presente, ela lhe devolverá por meio de seus talentos, pois foi Deus quem os fez nascer, crescer e se multiplicar. Eis o segredo de como viver bem.

200

Nada acontece por acaso, ou porque tem que acontecer. Você colaborou de alguma forma para o fato ocorrer e passa por experiências porque as precisa viver. Mesmo sem perceber, suas atitudes fazem você se encontrar, ou se perder. Não pense que, quando for bom, veio de você e, quando for desagradável, veio de alguém. Existirá a parceria em tudo o que na vida você precisará aprender.

201

Em se tratando de fé, será sempre benéfico tê-la a seu lado, pois, nos momentos de tristeza, ela será sua companheira inseparável e a única que fará você superar as experiências e entender que ela faz de tudo para afastá-lo da dor. Nos momentos de alegria, a fé será sua guardiã, mostrando-lhe o quanto é bom crer em seu poder renovador.

202

Se você duvidar que a vida pode transformar situações desagradáveis em lições de amor, é porque ainda não parou para pensar no quanto seu destino você já modificou. Alterou sua maneira de ver as coisas e o fez perceber o quanto já evoluiu em seu modo de agir, evitando mais confusão e dor. A vida precisa viver por meio de você. Ela não é madrasta. É mãe.

203

Procure agir respeitando sua natureza. Não dê a alguém seu poder, nem fique na posição de defesa. Cada pessoa pensa do jeito que quiser. Depender dos outros para a vida que você gostaria de ter é desprezar a oportunidade de crescer. Você acabará perdendo a chance de andar com as próprias pernas. Haja o que houver, Deus está no leme e não abandonará ninguém. O mar pode estar revolto, mas, se você não precisar passar pelo pior, Ele atirará uma boia para você sobreviver e fazer o seu melhor. Pode crer.

204

Diga sempre bom-dia com sorriso e bom humor. Este é o seu cartão de visitas. A primeira impressão sempre fica. Não saia por aí como um carro alegórico, distribuindo beijos e favor. Procure agir com naturalidade, em paz e sem temor. Dessa forma, conseguirá anular qualquer má intenção e será uma pessoa nutritiva, exalando boa energia e sendo lembrada com muito amor.

205

Não é salutar ficar remoendo o que já passou. Não vale a pena atormentar-se. Tudo passa, mesmo que queira lembrar. Não dê forças ao pior. Imagine-se em uma praia deserta, sem nenhum problema, tendo o sol como companhia, a areia como cama e o mar para se banhar, mas sempre só, sem ninguém para atrapalhar. Você não vai aguentar. É aí que mudará de endereço e de lugar.

206

Quando se sentir triste, vá com sua mente para algum lugar onde você gostaria de estar. Se for captar as energias da natureza, aproveite o instante para sentir no corpo a água que cai. Se for para outro local, repare em sua beleza e nos detalhes que a vida lhe mostra sem cansar. Perceberá que a tristeza tem apenas um momento muito bom: quando de sua vida ela se vai.

207

Não basta ter um pensamento positivo. Faz-se necessária uma postura positiva diante da vida. Ambos os comportamentos vivem em par. Ou você pensa e age positivamente, ou vive sempre a metade nos seus atos a pensar. Se seu caso for esse, não reclame da vida. Se tudo acontecer pela metade, é porque você não gosta de viver por inteiro e sempre no "quase" ficará.

208

Você já parou para descobrir por que sempre se acha uma pessoa errada? Percebeu como é desagradável se enganar? Já se deu conta de como odeia que alguém corrija seu comportamento? Constatou como está sempre evitando cometer um engano, para não se envergonhar? Por favor, pare de se achar melhor que os outros e não deixe mais a vaidade, em sua vida, se alojar. Ninguém é "Papai sabe tudo" nem "Mamãe, a esperta do lar".

209

Mesmo que você não consiga o que está querendo, saiba que o universo sempre conspira a seu favor. Pode demorar, mas um dia, sem esperar, seu desejo irá se concretizar. Não se preocupe em obter rapidamente o pretendido. O rio corre sozinho, e você não conseguirá fazê-lo parar. Assim a vida também se manifesta. Querendo ou não, você terá o que almeja conquistar. Pode acreditar.

210

Se você estiver vivendo em ritmo acelerado, é bom parar. Dê um tempo para seus prazeres. É hora de despertar. Não como quem está correndo uma maratona, querendo a vida buscar. Engano seu achar que, para ser feliz, precisa forçar. Você não vai. A vida é quem vem. Tudo o que você tem é porque conquistou, mereceu, e não porque foi atrás. Bom mesmo é andar para frente, senão o trator por cima de você passará.

211

Se algo desagradável lhe ocorrer, mas ao autor nada acontecer, é sinal de que a atitude do agressor lhe fez bem. Na certa, ele entendeu que, agindo assim, lhe estaria fazendo um favor. Existe uma lei básica da ação e intenção, pois nem toda ação gera uma desagradável reação. O que escraviza ou liberta você depende unicamente de sua boa ou má compreensão da vida e dos assuntos do coração.

212

Quando alguém tentar atrapalhar sua vida, procure sempre agir com muita cautela e passe a interpretar o toque da vida. O agressor está servindo-lhe para nele se espelhar. Ao se olhar, você verá o quanto está indo contra sua natureza e querendo se enganar, precisando, mas não querendo mudar. Isso ocorre porque você, por várias vezes, se deu as costas, sem nas consequências pensar.

213

Adapte-se ao novo. As mudanças são necessárias ao seu crescimento. Sempre que ocorrer a chegada de alguma novidade, não se defenda nem coloque resistências. É a vida dando-lhe a oportunidade de mostrar seus talentos e prosperar. Preste atenção à natureza. Um dia faz sol, no outro chove, e mais tarde chega o frio para sua função executar.

214

É fácil perceber se você realmente está ou não melhorando suas atitudes diante da vida, quando algo lhe acontecer. Caso entenda que foi apenas uma experiência a mostrar-lhe onde é necessário mudar, aí sim você poderá dizer que compreendeu a lição. Mas, se sua reação for de ódio ou rancor, é sinal de que não aprendeu nem melhorou. Apenas fez parceria e se igualou ao autor.

215

Caso você tenha algum subordinado, procure agir sempre com educação diante de algo que ele tenha feito de errado. Lembre-se de que não é errado errar. Quantas vezes você já fez o mesmo ou pior fará? Quando você se sente no direito de gritar, automaticamente, traz para sua vida uma energia que se concretizará: o ódio e a próxima pessoa a se detonar.

216

Preste atenção: as palavras têm força. Jamais responda que está lutando, se alguém lhe perguntar como você está indo. Para vencer na vida, você não precisa lutar. Quem assume essa postura acredita que tem inimigos ou que as coisas irão piorar. É por essa razão que tudo em seu caminho fica difícil de superar e você faz um grande esforço para disso se livrar. Assim, nada conseguirá, a não ser que pare de lutar. Acorde! Você não vive num ringue a boxear.

217

Se você convive com alguém com quem não tem afinidade, saiba que a vida não os uniu para gerar alguma adversidade. Será com essa pessoa que você irá experienciar situações, umas boas, outras desagradáveis, para fecharem o ciclo que ambos quiseram criar. Mantenha a calma e a paz. Os opostos se atraem, não para alguma situação piorar, mas para com o bem somar. O ciclo se fechará e cada um irá para seu devido lugar.

218

No seu emprego, procure agir com dignidade e decisão, mesmo que não valorizem suas atribuições. Nessa atitude firme, você mostrará suas qualidades e aptidões. Não importa se seu patrão não tenha percepção ou não queira reconhecer sua verdadeira intenção. A vida lhe dará, no momento certo, o brado tão desejado de sua libertação, mas mantenha-se no bem, senão você só trocará o nome do patrão.

219

Sempre que você entrar na tristeza ou na energia do desânimo, a vida lhe trará algo desagradável, a fim de que resgate sua alegria de viver e o ânimo. A vida lhe mostrará que não vale a pena ligar-se com a tristeza e com o mal-estar. Se deseja pedir a Deus para algo mudar, saiba que você é a primeira pessoa indicada para tudo alterar. Basta aguardar o momento certo e acreditar, sem precisar chutar o pau da barraca, que sobre você pode desabar.

220

Se você deseja um canto que seja seu para morar, é simples: basta entender que, valorizando-se, a vida lhe mostrará. Não acredite na dificuldade nem ponha obstáculos para sua evolução material. O dinheiro é sagrado e, sem ele, nada na Terra consegue prosperar. Ninguém é feliz só com metade. Precisamos da paz material e do bem para nos completar.

221

Diante da raiva, compreensão.
Frente ao perigo, calma.
Perto da traição, entendimento.
Ao lado da dor, observação.
Junto da ilusão, desilusão.
Saindo do drama, crescimento.
Afinidade com a tristeza, doença.
Crença no pior, dificuldade.
Revivendo um dissabor, vêm doença e dor.
Abandono da vida, prepare o "paletó de madeira".

222

Abandone o passado. Ele não existe mais. Foi bom enquanto durou. Prender-se a fatos que não voltam mais é querer parar o processo dinâmico da vida. Liberte-se do ontem, a fim de que seu hoje seja eficiente e esteja a seu favor. Saiba experienciar seu momento atual com muita alegria e, na paz, com toda sabedoria, porque é assim que Deus quer e nada Ele lhe negará.

223

Você já parou para pensar no porquê de tanta carência afetiva? Deus lhe deu tantos talentos, mas você não os quer valorizar e acaba exigindo dos outros ações, que acabarão por sua vida complicar. Coisas boas poderão ocorrer, mas você não as quer enxergar. Acredite em seu potencial e entenda que somente você é capaz de suas necessidades realizar, na certeza de que o melhor possa acontecer, se a janela de sua autoestima você escancarar.

224

Se lhe disserem que a ambição é ruim, saiba que realmente não é um sentimento bom. Ambicionar é ficar só no desejo, e, assim, a inveja vai se concretizar. Nessa atitude, você nada conquistará. O pretendido fugirá. Desejar o que não lhe pertence é abraçar a ilusão, transformando-a em desilusão. Bom é trabalhar e acreditar em si. Tudo que for seu de direito e para seu aperfeiçoamento a vida lhe dará.

225

Vibre sempre para alguém uma energia positiva. Faça-o como se fosse para si. Saiba que as palavras e atitudes têm força de realização e que tudo aquilo que você expressar é o que da vida receberá. Por isso, pronuncie palavras que lhe tragam bem-estar. Não articule termos de agressão, pois a vida, constantemente, lhe devolve na mesma proporção.

226

Se você estiver na amargura, saia dessa energia que bem não lhe fará. Guardar a parte amarga das experiências, que a vida lhe traz e com a qual você colaborou, é afastar de si o amadurecimento salutar. É querer permanecer na situação de criança mimada, ainda à procura dos pais, que não podem mais sua infância apoiar. Toda amargura acaba em mágoa, que finaliza na dor e somatiza no corpo, no qual, com muita lágrima, irá desaguar.

227

Quando a vida colocar você diante de alguém, que se sente mais que a sua pessoa, jamais se diminua. Isso sempre ocorre, a fim de lhe mostrar o quanto você menospreza seus talentos e não acredita que também tem um grande potencial ao seu dispor. Ninguém nasce para ocupar o espaço alheio. Não se despreze nem se menospreze. Agindo a seu favor, a vida lhe dará valor.

228

Agradeça a Deus por existir. Foi Ele quem criou você e somente para que seja feliz. Caso não esteja bem, é porque do contra está agindo. Analise suas atitudes, que colocam você nesse vai e vem desenfreado, fazendo seu corpo ir para o chão. Saia do vitimismo. Fazemos parcerias energéticas e facilmente nos sentimos coitados e sem ninguém para nos tirar da solidão. Somos nós que atraímos as pessoas que conhecemos e vivem ao nosso lado para o mal ou para o bem, a nos ajudar ou a nos ferir sem compaixão.

229

Fuja da fofoca e do maldizer, porque isso só servirá para aborrecer você. Ao falar dos outros, se não for bem, o mal você irá trazer. Agindo assim, atrairá a mesma energia para si, esquecendo-se de que será a próxima pessoa a se desproteger. Não esqueça que seu telhado mental também é de vidro e que o que você critica hoje, amanhã também poderá fazer.

230

Seja amável com as pessoas, se quiser receber na mesma proporção. Patadas quem dá é cavalo, mas ele só o faz por proteção. É apenas uma forma de mostrar poder, diante de um perigo ou uma coação. Mas observe e não esqueça que, quando o animal se defende, duas patas sempre ficam apoiadas no chão. Não insista, pois igual jamais conseguirá fazer. Você só tem duas pernas e duas mãos.

231

Procure agir sempre com firmeza, mas com muita educação. Pois, assim, você não experimentará o tripúdio, nem passará por qualquer situação de desprezo ou por qualquer engano também. Não se amedronte diante de nada e mantenha a calma e a inteligência. Jamais use a força. Tudo o que a vida lhe mostrar é porque você já tem condições de fazer. Todas as vezes que tiver medo, estará perdendo seu poder. E saiba que piedade ninguém terá de você.

232

Não menospreze as boas oportunidades com as quais a vida o presenteia. Para isso, ela bate de porta em porta e, se a sua estiver fechada, outra ela irá visitar. Não acredite em sorte ou azar. Isso é próprio de quem não põe fé em si e de tudo gosta de reclamar. Acreditar no acaso é atrair o descaso. Respeite a vida e tudo com o bem caminhará, pois ela só protege o ignorante, mas, quando ele toma consciência, desprotegido ficará. Aí, nessa perda da proteção, caso venha novamente a falhar, virá pancada sem dó, até você entender que é bom parar.

233

Mesmo que não acredite em mim, eu só existo por meio de você. Meu nome é vida e sozinha não posso viver. Por isso, sempre vou querer seu bem, pois, fazendo-o a você, estarei trazendo-o a mim. Caso não compreenda o que lhe quero dizer, um dia iremos nos entender. Não se pode o tempo perder. Envio-lhe esta luz, que fortalecerá você. E, se não quiser enxergá-la, não posso modificar ninguém, mas posso lançar um olhar de muita compreensão a você.

234

Articule sempre palavras positivas em relação aos outros. Agindo assim, a vida lhe devolverá de igual forma. Caso contrário, você estará cuspindo para cima, demonstrando a ausência de amor pela própria cara. Denegrir a imagem alheia é fazer dos outros seu espelho, no qual a única imagem que aparecerá será a sua, vestida em disforme figura, mostrando um enorme desprazer.

235

Não pense que seu invólucro seja somente sua pele. Existe outra camada mais importante, que envolve seu corpo, chamada energia. Por mais que você produza um visual de esplendor, não será ele quem transmitirá suas reais intenções nem o que você quer transpor. Saiba que esse envoltório energético por cima de sua pele é seu maior delator.

236

Preste atenção aos toques que a vida lhe dá. Eles são sinais importantes para você permanecer no bem e se equilibrar. Por isso, não se ligue somente nos recados desagradáveis. Há ótimos toques também. Um presente inesperado, um reencontro feliz, um abraço apertado ou alguém que lhe diz: “Nossa, como você está bem!”. Parabéns! Foi você quem essa situação atraiu.

237

Angustiar-se por causa dos outros é sentir por si desamor. A somatização vem a galope sempre em forma de doença e, sem pedir-lhe licença, traz-lhe a dor. Isso ocorre para que perceba que nunca será salutar se entristecer ou se angustiar, a não ser que prefira sofrer. Na angústia, você se isola; no isolamento, se perde; e, na provação, se abandona. Para ajudar alguém, você precisa estar bem. Não dá para levantar ninguém, se no chão você estiver também.

238

A vida nos dá recados, e isso ninguém pode negar. As nuvens escuras nos avisam que vai chover, e o sol nos indica que vai esquentar. Se quisermos viver bem, é bom passarmos tudo a observar. Jamais nos desesperemos se o desagradável por nós passar. Mesmo que seja intenso, com nossa resistência a vida irá levar. Não duvidemos nunca de nossa intuição. Ela é poderosa e nela devemos sempre confiar.

239

Na hora de fazer qualquer compra, fique sempre com o melhor, a não ser que não possa pagar. Se ficar com o mais barato, mais adiante irá reclamar, pois pode sair caro. Quem compra mal acaba pagando dobrado, correndo o risco de a mercadoria ter de trocar. Com o tempo, você aprende que é preferível aguardar a ocasião certa a se enganar, além de ficar com o barato, que só o prejudicará.

240

Se alguém se afastar de sua vida, não fique triste, pois fechou-se o ciclo. Alguns relacionamentos são temporários e, ante a eternidade, você não é dono de ninguém. Respeitar os desejos dos outros é se respeitar também. Quem faz diferente é porque acredita no poder que não tem ou porque gosta de sofrer desnecessariamente, sem perceber. Liberte-se. Nenhum apego lhe faz bem.

241

Saia da angústia ou do desânimo, pois ambas as situações geram problemas de saúde, que acabam complicando seu estado de ser. Se não souber como se desligar dessas energias é porque está perdendo a fé em si e quer sofrer na vida. Saiba que não aguentará ficar assim por muito tempo. A doença virá e irá doer. Chegou a hora de você mudar e parar de se corroer.

242

Todas as vezes que você der as mãos à tristeza é porque está distanciando-se do seu poder de escolha, entendendo que nada está bom, tudo estragando ou perdendo. É por isso que está sempre fora, achando que a solução está no amanhã. Saiba que não existe o depois, pois ele é sempre agora. Você tem duas escolhas: viver de bem com a vida hoje ou lamentar e chorar sem demora.

243

Ansiosa é a pessoa que vive em confusão, se desrespeita e entende que nada tem solução, preferindo ficar sempre na incerteza e na ilusão. Não se ligar no amanhã é poupar sofrimento e desilusão. Não se desespere ou acabará no chão. Viver em paz é acreditar que a vida nunca lhe dirá não, pois, ficando no bem, nada lhe será dado em vão.

244

Amar é diferente de se apaixonar. No amor, existe sempre um respeito mútuo; na paixão, o que sobra é egoísmo na companhia da solidão. Caso você se apaixone, não há nada a fazer, a não ser descobrir que preferiu não se conter. No amor, caso não haja reciprocidade, o que resta é a certeza de um sentimento maior, que a outra pessoa não estava preparada para viver, sentir ou receber, e você não pagará para ver.

245

Procure sair de qualquer apego. Ele sempre traz sofrimento e decepção. Na vida, o que existe é companhia por um tempo, a fim de que você possa aprender a amar sem perdição. Apegar-se a qualquer coisa é achar que tudo é para sempre, mas isso é uma grande ilusão. Tudo se transforma para seu crescimento. Se respeitar seus sentimentos, não precisará pedir perdão.

246

Não fique na posição de estrela, sempre na espera do aplauso da plateia. Faça sua parte e deixe que Deus faça a Dele. Querer elogios é não acreditar em si. É ficar sempre à mercê dos outros. É realizar qualquer ação, esperando sempre apoio e aprovação. Não viva mais de aparência. É vaidade. Fazer dos outros "escada", de mãos dadas com a ingratidão, é pouco ou nada se gostar, ficando sempre no "quase" e indo contra sua evolução.

247

Não permaneça na apreensão diante do inevitável. A vida é sábia e sempre lhe traz a lição que você precisa aprender. Tudo passa. O mal que chega e aflige o seu hoje é o bem que lhe irá acontecer. O importante é não esmorecer. Saiba usar o bom senso e não se deixe abater. Entenda o processo da vida e que Deus está a nos proteger. Dar força à preocupação é perder o próprio poder.

248

Você é aprendiz de como viver bem. Por isso, jamais se culpe por algo que tenha feito, por engano ou por alguma atitude que deixou de fazer. Atormentar-se, achando que deveria ter feito de um jeito e não do jeito que a vida fez, é o mesmo que dar murro em ponta de faca. Sinta o que irá acontecer. Nada você conseguirá resolver. O que já foi não se muda. Faça melhor da outra vez.

249

Querer aprovação dos outros é enxergar-se com os olhos alheios, e a verdade ninguém vê. Assim, se desprezará sem piedade e, como resposta da vida, sofrimento é o que irá obter. Queira sempre o seu bem, olhando-se com os olhos do amor. É assim que sua essência vê. Faça sempre o seu melhor e Deus lhe trará tudo de bom, para que você possa acontecer.

250

Aproveite cada momento da vida, como se fosse o primeiro instante a viver. Trazendo a alegria e o entendimento, o melhor lhe acontecerá. É você quem escolhe o tipo de vida que leva. Não é a vida que leva você a experienciar situações de aprendizado, que são sempre para o seu bem. Não se ligue em tragédia nem se deixe abater. Se nem tudo é justo ou correto, o mais importante é não se perder. Olhar os fatos do jeito certo é acertar sem querer.

251

Observe sempre a parte boa da vida, pois, a cada dia que passa, você descobrirá o quanto de bom ainda tem a receber. Lastimar o fruto maduro, que caiu da árvore e apodreceu, é desprezar o novo, que ainda está para nascer. Desfrute com alegria todos os momentos com os quais Deus o presenteia. Assim, afastará muitos dissabores e brilhará como as estrelas.

252

Não se magoe diante da decepção. A mágoa é a lágrima que não caiu e que em raiva está a se transformar. Por isso, mesmo que você tenha se desiludido ante uma atitude alheia, aprenda a entender que cada um dá o que tem e é melhor não revidar. Tudo acaba se transformando, e você, que aprendeu a lição, também mudará de vida e sairá da ilusão.

253

É muito bom poder ajudar alguém. É sinal que você tem algo para dar, que lhe foi concedido por Deus. Caso seja você a pessoa que de alguma ajuda vier a precisar, saiba esperar, pois a colaboração sempre vem. Ninguém fica abandonado, é só saber entender. Deus fará o que couber a Ele, esperando o mesmo de você. Somando-se as duas partes, o resultado será sempre o bem.

254

Quando você tiver uma boa ideia, execute-a bem, pois foi Deus quem a lançou no universo e você a captou também. Ouça sempre a intuição e saiba que à toa ela não vem. Conseguindo centrar seu espírito, espaço a tristeza não terá. Por isso, respeite suas vontades, fazendo-as acontecer. É a vida observando você de frente, pedindo-lhe para nela crer. É assim que tudo muda e o melhor vem.

255

Não deixe que ninguém tire sua paz e não revide o que alguém lhe fizer. Você tem sua força, que jamais lhe será tirada se nela conseguir crer. O que vale é o bom estado de alma, e isso você sabe que tem. Cultive boas amizades, que o respeito e a qualidade de vida virão. Valorize o recebido, não despreze o permitido e Deus fará tudo acontecer. E para sempre receber isso, valorize seu viver.

256

Jamais perca sua fé na vida. Tudo gira em torno dela. Quando você acorda, é ela a primeira a desejar-lhe bom-dia. Sempre que você dorme, é ela quem diz: "Amanhã tem mais". Por isso, viva intensamente e sem se preocupar, porque a vida estará sempre ao seu lado, aqui ou em qualquer lugar. Fique junto da alegria, para que a tristeza não tenha como em sua vida se instalar.

257

Não toque na ferida alheia. Deixe a vida mostrar. Tudo o que acontece é sempre para no bem transformar. Não se intrometa nem ponha o dedo onde não deve tocar, achando que será um consolo. Deixe a energia passar. Estará ajudando a pessoa e deixando o astral alterar. Seja um instrumento de paz, ficando sempre no bem. Vibre para a pessoa melhorar, respeitando o que não consegue ver.

258

Se a depressão quiser se alojar em você, é bom tratar de mudar a não ser que queira sofrer. Peça a Deus para melhorar, fazendo para alguém um bem sem se desesperar, pois, assim, a depressão não virá. A resposta chegará, não importa como nem de quem. Basta saber captar. Em um sorriso de uma criança, um beijo materno, um presente singelo, uma lembrança talvez, ou matando as saudades de alguém, que não vê com um pequeno gesto, em um simples olhar.

259

Na angústia, deixe a essência da vida se manifestar. Um conselho de amigo, com um toque bem-vindo, o melhor caminho a seguir alguém lhe mostrará. E, nessas horas, o bom mesmo é sempre no bem confiar. Deus está do seu lado. Quem contra você haverá de ficar? Abandone o pessimismo e pare de se atrapalhar, pois a vida não pede; ela faz.

260

Chegou o dia de mudar sua vida. A maneira ela lhe mostrará. Pare de se maltratar e se desprezar. Você tem muito valor e não insista em negar. Ele vem de uma força, que ninguém de você vai tirar. Sinta-se um ser perfeito na vida, com sua aura a brilhar. Não deixe que o negativo impere e aprenda a se respeitar. Isso é um modo inteligente de sua vida alterar.

261

Não sinta pena de ninguém. Isso ocorre quando você se coloca em uma posição superior ou tem medo do que a pessoa poderá passar também. Ajude quem lhe solicitar ajuda, mas procure na pena não se deter. Esse sentimento não levanta ninguém e, às vezes, sem que você perceba, o derruba cada vez mais. É preferível sentir compaixão a demonstrar pena de alguém. Passando-lhe muita calma e compreensão, a pessoa sairá da tristeza nessa passageira situação, pois tudo o que acontece é por certo tempo e não por todo o tempo, a não ser que a pessoa insista em sofrer.

262

Sentir-se na culpa é achar que você errou ao realizar qualquer ação, mas se soubesse fazer diferente, teria feito melhor. Portanto, entenda que, naquele momento, você só poderia agir daquele jeito. Não vale a pena, então, se cobrar pelo que passou. Não se atormente. A vida é sábia e lhe trará oportunidades, para que possa, com uma boa atitude, consertar o engano. Aproveite e não fuja, pois a vida, com imenso prazer e no momento certo, tudo acertará.

263

Você não tem obrigação de fazer o que não for do seu agrado, a não ser por exigência da lei. Na vida, nada pode ser forçado, pois algo de errado sempre vem. É por isso que existe o livre-arbítrio. Deus lhe deu essa liberdade e é bom não precisar se envolver com o que é ruim. Veja o quanto você é livre para o bem fazer e a paz desfrutar. Mas não esqueça que é aqui onde você tudo adquire e a conta terá de pagar.

264

Se você for uma pessoa violenta, desarme-se. Violência atrai violência. Acreditar nela, para poder se afirmar, é o mesmo que bater no vento e nada conseguir mudar. Conversando é que se entende. A harmonia é salutar. Procure ser uma pessoa de paz, para a outra face não ter que dar. Ganha quem cede. Perde quem grita. Teme quem deve. Deve quem tira. Vive quem cria. Morre quem mata.

265

Arrepender-se de algo que você não fez é querer voltar no tempo, que não volta mais nem para. Siga em frente, fazendo o bem, pois a vida sempre ampara. Procure ter boas atitudes, não se cobre, fique em paz. Exigir de si além do necessário é sair de sua essência, acabando por condenar-se, por não ter conseguido fazer nada. Mas não se esqueça de que também na inércia a pessoa faz ou desfaz tudo o que não mais lhe satisfaz.

266

Para entender os porquês dos fatos, nunca julgue ninguém. A vida é mágica e traz as experiências, que você precisa aprender. Opinar sobre o ocorrido, sem tê-lo vivido, é agir sem saber e se intrometer. Para obter respeito em sua forma de viver, é importante também respeitar os outros em relação à forma que queiram ser. É dessa maneira que atrairá o bem que quiser obter.

267

Seja sempre uma pessoa boa consigo. Assim, não terá nada a perder. Caso se enquadre nisso, o toque da vida virá. É nesse estado que sua essência se expande. E com bom jeito seu carisma cresce. É dessa forma que você não se entristece. Por causa disso, seu amor floresce. É nesse caso que o bem acontece. É desse modo que sua luz aumenta. É com esse toque que você aprende. É com essa força que você deslancha. É com essa garra que você arrasa. É dessa forma que você se abraça e, se aceitando, veja que tudo passa. E desse jeito a vida vai passando. Felicidade Deus lhe dá de graça.

268

Esteja sempre a seu favor. Não se despreze por não ser como a grande maioria quer. Não há neste mundo alguém que seja igual ao outro. Apenas há pessoas parecidas, e parecer não é. Ninguém é; apenas está. Tudo lhe é emprestado por um tempo, para que você aprenda algo. Agradeça o que lhe for dado e procure ficar de bem consigo. Largue as atitudes pequenas. Cresça, liberte-se e aconteça.

269

Jamais acorde dando bom-dia à tristeza. O mau humor só prejudica e acaba em doença. Viva seu dia na calma, no equilíbrio e na harmonia. Ultrapasse os obstáculos. Você os atraiu, mas a vida quer que perceba o tamanho do seu abandono. Não se ligue nas notícias trágicas. Elas mostram o quanto você se distanciou das encrencas. Viva em paz, fique no bem, para que você receba o melhor do planeta.

270

Se o seu problema é não se amar, veja o toque que a vida lhe dará. Na certa, o desprezo você vivenciará. Ninguém agradará você. Até os animais irão se afastar, e essa situação você não aguentará. A vida lhe cobrará. Ninguém gosta de no último lugar da fila se colocar. Por isso, é bom parar. Olhe para si e veja que atitude deverá mudar. Vou lhe dar um toque: aprenda a se amar e a se respeitar. Sei que vai conseguir. É questão de sobrevivência para não penar.

271

Você, que é mãe ou pai, procure sempre educar seus filhos de maneira salutar. Ensine-os a fazer sempre o melhor. Diga-lhes que cada um está nesta Terra para aprender a se respeitar e, assim, obter respeito. Caso não entendam seu recado, não insista. A vida se encarregará de lhes mostrar. De que maneira? Não importa. Um dia a "ficha" cairá. Deus não larga ninguém e jamais o abandonará, pois foi Ele que lhe deu a vida precisa com você caminhar.

272

Não deixe que a tristeza ou o desânimo queiram derrubar você. Ambas as situações nunca estão sós. Com elas, vêm as doenças. Olhe para a vida que leva e veja que ainda há motivos para agradecer. Quando sentir frio, o sol de graça você tem. Se for problema de dinheiro, com trabalho ele virá. Se chegar ao sentimento, querendo-se bem, obterá o amor. Mas não ignore o que você conquistou, pois não convém desprezar os presentes de Deus.

273

Você sabe que não é bom viver na dependência de alguém. Quase sempre isso gera preguiça; em outras vezes, decepção. Todos nós sabemos que nascemos para aprender a nos conduzir na vida com as nossas pernas e que, mesmo se cairmos, precisaremos nos erguer. Siga seu caminho, querendo sempre o seu bem. Não viva dos favores alheios. Trabalhe, estude, colabore, para a ajuda de Deus obter.

274

A vida não tem mistérios, para que, de forma eficaz, você possa com ela conviver. Constantemente, a vida lhe mostra, por meio de seus "sinais", qual a maneira ideal de com ela aprender. Para tanto, basta querer ver. Caso não queira, problemas virão para que você possa entender. Deus lhe dará uma nova vida, lhe indicará o caminho do crescimento, para que, nascendo de novo, você comece tudo outra vez. E, se preciso for, movendo montanhas com amor, nessa vontade que tem, na paz, sem parceria com a dor.

275

Se você perdeu um ente querido, saiba entender os desígnios de Deus. Nada acontece por acaso. Tudo tem seu ciclo, com começo, meio e fim. Quando ele se fechar, é porque outro está por vir. Na vida, tudo é emprestado para podermos progredir. Somos eternos aprendizes a ajudar uns aos outros, para que possamos, ao lado do bem, seguir. O parente que se foi, o amigo que partiu, nem os animais ficam no talvez e, como nós, se vão também. Mas Deus faz tudo certo. Leva hoje para trazer outra vez.

276

Jamais se sinta uma pessoa derrotada ante um fato que não lhe agradou. Na vida, ninguém ganha ou perde. Tudo acontece para podermos entender que, se a vitória ainda está longe, é porque estamos nos distanciando do bem. Na fé, você já ganhou, não importa saber o quê. Mas você sempre se prejudica, quando tira a paz ou a alegria de alguém.

277

Não exija dos outros o que você não puder fazer. Conselho é bom, desde que saiba vivê-lo também. Na hora do "vamos ver", ninguém vê. O exemplo deve sempre partir de você. Ajude quando puder. Quando não, abstenha-se e estará, assim, colaborando com o bem. Intromissão atrai confusão. A sabedoria está no ato de compreender e perceber que tudo está certo na vida. Basta apenas nisso crer. Caso contrário, você poderá receber o que não quer.

278

Note que dia lindo amanheceu hoje, mas você não quis ver. Ligou-se no ontem, achando que hoje nada de bom pode acontecer. Engano seu. A vida é sábia e alguns recados veio lhe trazer. Respeite-se, pois, assim, o desrespeito não virá e tudo de bom virá. Faça um bem, a boa ação do dia, e observe que a natureza tem um único intuito: proporcionar-lhe paz, beleza, harmonia, e alimento também. Essa é a maneira ideal de viver não por viver.

279

Faça sol ou faça chuva, na alegria ou na tristeza, você terá de crescer. Mas é você quem escolhe com qual sentimento quer conviver. Acreditando em dificuldades, enfrentará obstáculos. Dando ouvidos a seu ego, a vaidade se alojará e o orgulho virá com prazer. Pare de querer agradar a todos e a tudo dizer amém. Você pode melhorar sua vida. Ou prefere ser "ninguém"?

280

Você que se ligou com este livro, veja o que vai ler. Procure manter sempre a calma, pois, assim, o impulso irá embora e a confusão não virá. Pense duas vezes antes que venha a ter alguma atitude ruim. Quanto mais você lutar, mais irá perder. Não discuta com ninguém. Tente apenas se fazer entender. Gritar é demonstrar falta de habilidade e pouca sabedoria no ato de viver bem.

281

Na incompreensão, procure a paz.
Na traição, procure entender.
Na ilusão, aceite a desilusão.
No problema, peça a solução.
Na luta, devolva as armas.
Na solidão, saiba se conhecer.
Na raiva, traga a compreensão.
Na dor, aprenda a querer-se bem.
No desespero, resgate seu poder.
Na falta, veja o que você já tem.

282

Observe como é bom acordar com a sensação de estar realmente bem. Mantenha, durante o dia, essa energia pura, que fará você perceber o quanto é perda de tempo fazer comentários sobre os outros ou criticar alguém. Não existe diferença entre as duas atitudes. Ambas lhe tiram do bem. Agindo assim, atrairá energias destrutivas, que com o seu corpo irão conviver, dando as mãos a doenças e tudo para se perder. Mas um dia você vai se achar. Deus não abandona ninguém. Ele nos dá o que precisamos e não o que queremos ter, pois nem tudo que quisermos será para o nosso bem.

283

Saia da tragédia. Ela é uma energia que só faz piorar sua vida. Todo fato, por mais desagradável que seja, tem dois lados a se analisar. No entanto, você só observa a parte triste, esquecendo-se de que Deus permitiu que isso acontecesse para alguma coisa lhe ensinar. A tragédia de hoje é o reencontro amanhã com uma única intenção: consertar o erro. Não estou aqui para condenar ninguém porque não é errado errar. Torna-se erro quando o engano não quisermos reparar.

284

Respeite todas as religiões. Cada um tem o direito de acreditar em algo. Você já começa a se enganar ao achar que sua crença é a melhor. É o fanatismo a imperar. Todos os caminhos o levam a um só lugar. Deus está em toda parte do mundo a nos amparar. Quanto mais você se explica, mais da vida vai duvidar. Porque o que é, já é, e, mesmo que você prove, nada conseguirá mudar. Todos nascem no mundo somente para aprender. Mas, mesmo que seja ensinado, também terá de fazer.

285

Em qualquer situação desagradável, pare de se desesperar. Sinta que tudo é passageiro. A dor ocorreu apenas para lhe ensinar, por meio de toques, recados ou sinais, que na vida a única maneira de fazer o seu melhor é da inércia se afastar. Mas você não quer observar. Fechou seu coração e nem pensa em se dar. Se quiser viver sem dor, precisa alterar seu comportamento. Teste meu toque agora. Sinta como quero ajudar. Você, com essa vida que leva, só vai do seu melhor debandar.

286

O maior poder não está no ter, mas no saber viver bem. Na posse, você pensa que tem. É pura ilusão. Por alguns momentos, você detém. Para sempre, é só você com você. Por isso, queira-se bem e dê asas aos outros também. Respeite-se para obter respeito. Caso contrário, de alguma maneira, a vida lhe mostrará o quanto você não quis ver. Com os fatos desagradáveis que atrair, você irá aprender. Às vezes, você se sente um pássaro apenas com uma asa, precisando de um penacho amigo, para poder crescer. Abra-se para a vida, que o melhor lhe acontecerá.

287

Em cada coração, uma saudade.
Em cada atitude, uma vontade.
Em cada injustiça, uma verdade.
Em cada dificuldade, uma saída.
Em cada desencontro, uma visão.
Em cada descoberta, uma alegria.
Em cada lembrança, uma energia.
Em cada partida, uma volta.
Em cada decepção, uma mudança.
Em cada engano, uma ajuda.

288

Em cada descontrole, um domínio.
Em cada lágrima, um sorriso.
Em cada vitória, uma emoção.
Em cada subida, uma conquista.
Em cada dor, um alento.
Em cada passagem, um surgimento.
Em cada ferida, uma cura.
Em cada insegurança, uma fé.
Em cada encontro, uma amizade.
Em cada fim, a eternidade.

289

No trabalho, colabore sempre. Faça além do seu dever. Nessa atitude, você jamais perderá o que já tem. Aqueles que reclamam que estão desempregados nunca fizeram além. Fizeram somente o necessário, apenas para sobreviver. Na vida, à medida que você se aprimora, mais e mais sempre vem. Em tudo é assim. O que você der, em dobro receberá. Por isso, faça sempre o seu melhor e obterá a recompensa no bem.

290

Quanto mais sobre os outros você fala, mais de si fala também. Tudo que incomoda é porque um pouco do indesejado a pessoa já tem. Se conseguir, uma vez por semana, não criticar alguém, algo acontecerá. Você notará que nesse dia tudo de bom acontecerá. Vai lhe dar um bem-estar tão grande, que, de tanto prazer, você vai querer estender. Se a semana passou, sem que você falasse mal de ninguém, é porque já não está se vendo em alguém. Parabéns! Saúde! Dinheiro no bolso! Felicidades! Que Deus lhe dê hoje e todo os dias paz e alegria por toda a eternidade!

291

Por onde você passar, o que quer que veja, olhe sempre o lado bom e, por favor, entenda: não se ligue no ruim, porque este nunca dá o melhor do seu presente. Dentro da eternidade, não existe erro, apenas formas de aprendizado, que mostram o quanto você precisa fazer seu melhor e não mais servir de par com o que houver de pior. Não deteriore sua mente.

292

Perdoe sempre. Não guarde ódio, mágoa ou rancor. Essas atitudes mostram-lhe que você ainda não aprendeu a lição. Cada um dá o que pode e o que tem, sem obrigação. Além disso, é exigir demais e trazer novamente a mesma situação, até conseguir ver no outro um pouco de si; na atitude alheia, seu reflexo; na moldura mental da pessoa, seu retrato; na atitude irregular, seu exemplo; no ato impensado, seu abrigo. Mas não tenha pressa. Na eternidade, não existe tempo nem hora. Saia dessa.

293

Na tristeza, dê bom-dia!
Se a incompreensão sufocar, apenas sorria.
Se a dor incomodar, não tem problema, reflita.
Se o desespero amedrontar, tenha força, prossiga.
Se o ciúme ocorrer, aprenda e não insista.
Se a saudade lhe fizer uma visita, sinta.
Se o desânimo apontar, desperte.
Se o equilíbrio lhe fugir, resgate-o.
Se a maldade chegar, afaste-a.
Se a felicidade se instalar, agradeça.
Se o bem for embora, corra atrás dele, pois é sua salvação. Questão de afinidade e merecimento.

294

Caso você se depare com alguma situação desagradável, mentalize o oposto. Assim, a reação será inversa. Na calma, você transforma; na raiva, você destrói. No choque você cai e, caindo, vai para o chão. A vida, agindo assim, apenas quer mostrar-lhe, por meio de um toque, o quanto você tem se menosprezado, desrespeitado e se destruído. Levante. Mude seu comportamento e direção, porque a vida empurra e disso faz questão.

295

É muito fácil ser cruel. Mais fácil ainda é dizer não. Saiba que a vida só lhe pede quando você já pode dar e se não estiver na contramão. Negando, você a despreza. Ignorando-a, perceberá que o melhor seria mudar o tipo de vida que leva, senão vão tirar seu tapete, você pisará no tomate e verá o que virá pela frente. O encontro é sempre marcante. A vida nada deixa escapar. Ou você aprende por bem ou a dor vai experienciar.

296

Sempre que lhe pedirem algo, se puder, colabore. Não se omita nem tenha uma atitude negativa, pois um dia tudo volta e é você quem vai de ajuda precisar. É nesse instante que a vida lhe mostrará o quanto ela é mágica e algum recado lhe passará. Tudo se ajeita. Entretanto, se você for uma pessoa acostumada a não ajudar, o problema que alguém lhe trouxer ficará com você e custará a passar. Mas atenção: só o faça se a pessoa quiser colaborar. Fuja de quem só pede, pois todos precisam fazer algo. Receber o melhor faz bem. Todo mundo gosta, pode crer.

297

O caminho mais fácil para evitar o sofrimento é ter a crença de que só existe o crescimento. Não importa que nele você não esteja, porque ao seu lado ele sempre ficará. Pode não o sentir agora, demorar meses, até anos. É ilusão achar que com você a prosperidade não está. Se quiser saber o que penso, eu, que sou vida, agora vou lhe provar. Vivo mostrando-lhe vários caminhos, mas você não percebe e se põe a chorar. Até quando vai se afundar, para entender o óbvio! Acorde! Você pode! Força! Ponha fé no seu viver! Deus está com você e com Ele seja mais que demais. Arrase até por querer. Faça por merecer. Você é fruto do amor de quem só quer ver seu bem.

298

Quando você entende uma atitude ineficaz alheia é porque Deus só quer protegê-lo. Então, nada de ruim vem. Os enganos ocorrem, a fim de que você possa aprender. Se não conseguir entender é porque não tem "olhos de ver". O importante é acreditar que os fatos ocorrem sempre para o seu bem. Caso contrário, a vida lhe dará um toque muito sugestivo: terá que cair novamente para aprender de vez. Criticar alguém pelas costas é esquecer que você possui a parte detrás do corpo, que é vulnerável também.

299

Não nos coloquemos na situação de vítimas da vida. Tudo o que nos acontece lá fora é porque demos abertura para acontecer dentro de nós também. Nossa consciência não nos protege, apenas executa tarefas. Aquilo que pensamos se realiza de qualquer maneira e sempre para que possamos aprender. Somos livres para viver do jeito que quisermos ser. Se for sem prejuízo a alguém, o bem e a paz sempre virão.

300

Para você que me lê ou me escuta, vou lhe dar agora mais um toque da vida. Seu espírito foi criado e é algo que não dá para desfazer. A energia que lhe deu à luz quer apenas que você viva da maneira que escolher. Se for boa ou não, é você quem detém seu poder. Não reclame nem lastime se o melhor disser que não vem. Você é a única pessoa responsável pelo que é e queira fazer.

301

Se a depressão instalou-se em sua vida e a culpa sem querer, aguarde que um recado da vida sempre vem. Você fez da carência companhia e espera a compreensão de alguém. Com isso, você se reprime e se anula, mas vai aprender que o remédio certo lhe convém. Repare que, quando se deprime, sua negação aumenta também. Anular-se é fugir de si, achando que nada está bem. Respeite seus sentimentos e não dê sua força a ninguém.

302

Quantas vezes você se pergunta por que nasceu? Ocorre que a vida precisa de você. É simples assim. Para plantar uma árvore, escrever um livro, dar vida a alguém. Ou, quem sabe, a vida não espere nada disso, mas que você prospere e viva no bem. Cada pessoa tem um caminho a seguir e todos esses caminhos pertencem a Deus. O trajeto é você quem programa: viver com ações positivas ou pelo simples prazer de viver. Você é a eternidade de um ser. Duvida? Então, traga sua raiva de volta e até seu cachorro rosnará sem querer. Deu para ver?

303

Não dê ouvidos à maledicência, pois isso nunca lhe fará bem. Quando você critica alguém está condenando-se também. Lembre-se de que somos eternos e que a vida procura sempre nos proteger, mas somente enquanto não soubermos fazer nosso melhor e no bem aprender a viver. Se não aceitar este toque é porque você merece o pouco que sempre vai ter.

304

Aprenda que na vida tudo acontece para o bem. Às vezes, você passa por fatos contra seu querer, mas o tempo tudo muda e a alegria sempre vem. Saiba valorizar o que você já tem. Não fique desejando algo que não lhe convém. O que lhe pertence acaba chegando, sem que precise invejar ninguém. A vida só lhe manda a dor, quando você não está no bem, desprezando a qualidade de vida que tanto pediu para ter. Não importa o lugar, o ato de viver bem está dentro de você e não fora a procurar e nunca ver.

305

Quando começarem a falar mal de alguém para você, mude logo de assunto e afaste essa energia de vez. Não tente ficar ao lado de quem insiste em não perdoar, pois de você falará também. Caso não queira entender isso, cuidado, pois um dia a confusão virá. Difícil será sair dela sem se machucar, até conseguir perceber que o que se dá é o que se tem.

306

Até quando você vai ficar desse jeito, lembrando-se de um passado que não volta? A vida é o aqui e o agora, pois o que passou não retorna. Serviu apenas para você saber que não deve jogar seu tempo fora, podendo, a qualquer momento, mudar sua rotina e sua rota. Se disser que não consegue, é porque não quer ceder, mas isso não incomodará você até chegar o dia em que a vida cobrará com juros e correção monetária. Não adianta querer ir embora. Aqui é onde se resgata os prejuízos, fazendo o bem pela vida afora.

307

Pare de pensar que tudo irá piorar. Quem vive com os olhos no trágico é porque com o bem não quer se harmonizar. Virá o momento em que você, querendo ou não, de atitude precisará mudar. Do contrário, atrairá o que sua mente pensar, trazendo situações desagradáveis até querer alterar seu rumo. Você poderá optar: ou viver no bem, ou abraçar o desagradável.

308

Faz tempo que você resiste em perdoar. Afinal, para que tanto rancor, se é você quem vai se prejudicar? Feche os olhos e sinta de quem precisa se aproximar. Dê-lhe um abraço, um aperto de mão ou simplesmente um olhar. Se conseguir tudo isso, já terá conquistado a arte de ficar bem consigo, sem ter o que desculpar. Se não entendeu nada, será ao lado do sofrimento que irá acordar, sem direito a contestar. Com choro e com vela, não adianta rezar. O que vai resolver a questão é você da pessoa se desligar. Se não o fizer, vai conviver com um fantasminha camarada, em sua mente a lembrar. Pode parar!

309

Na falta de dinheiro, veja onde você não está sabendo prosperar. Em algum campo de sua vida, não está querendo se valorizar. Dinheiro representa valor e isso é o que você não quer se dar. Enquanto estiver desprezando-se, o dinheiro se afastará. Ele não aceita desrespeito, caso você também não saiba em que precisa gastar. Compre apenas aquilo de que precisar. Do contrário, se complicará nas dívidas, além de ao dinheiro ter que dar tchau! E vai pagar como? Fugindo de todos, mas da vida não vai dar. Ela vai trazer você de volta, sempre que precisar.

310

A perda, de modo geral, pode ser desagradável, mas o toque da vida está aqui para explicar. Perder representa largar aquilo que não podemos mais segurar. Isso sempre nos acontece quando sozinhos precisamos caminhar. Companhia é muito bom, mas é melhor não exagerar. Caso contrário, torna-se apego e um dia a vida, sem pedir licença, todos irá separar.

311

Se alguma pessoa for incorreta com você, não revide. A vida não aceita injustiça, embora você tenha sido a primeira pessoa a se prejudicar. Quantas vezes já não agiu contra si? Desrespeitou-se, abandonou-se, esqueceu-se de si. Comprometeu-se outra vez com a espiritualidade, exigindo dos outros o que não quer fazer para si mesmo. Saiba que a vida não é boa nem má. Apenas justa ela quer ser.

312

Não insista nos caminhos que não lhe servem mais para trilhar. Existem atalhos que podem levar você a outro lugar. Muitas vezes, você procura a felicidade em lugares onde ela não está e nega-se a enxergar. Se lhe tiraram amor, saúde, dinheiro ou paz é porque você acredita que um dia isso faltará, ou que a sua vida nunca mudará. Foi você quem se colocou onde está. Como sair? Comece a tentar. Veja o que já pode fazer e aprenda cada vez mais.

313

Na vida, nada acontece por acaso ou porque tem que acontecer. Você é quem colabora, de alguma forma, para o fato ocorrer. Se sua vida estiver do jeito que você quis foi porque assim a planejou. Mas, às vezes, ela não está, e você reclama do que chegou. Nessa confusa situação, uma lição virá por aí. A vida lhe ensinará que é preferível um gosto a um desgosto, evitando um mau fim. É melhor não fantasiar e viver a chorar como um arlequim.

314

Procure não fazer de sua vida um constante vai e vem, às vezes caminhando para longe do bem. Ante a eternidade, não existe fim e, nessa atitude infeliz, querendo prejudicar alguém, é você quem se perderá. Existe uma lei básica da qual ninguém escapa, nem mesmo quem nela não queira crer. Chegará sua hora de passar para o outro lado da vida, fazer um balanço geral, e tudo terá que rever.

315

Não procure justificativas para atitudes impensadas. Do grito vem a briga, da briga vem o ódio, do ódio vem a dor. Na dor vem a mágoa, e na mágoa, as doenças também. Todos esses sentimentos escravizam quem os retém. As ligações permanecem, porque tudo que termina precisa se desfazer. Caso contrário, é porque a união não terminou e precisa desaguar no bem.

316

Desculpe quanto puder. Quando não o fizer, estará sendo a próxima pessoa a cometer os mesmos enganos ou piores, precisando de uma desculpa, sem o perdão receber. Portanto, frente ao engano alheio, não atire a primeira pedra nem queira outras pedras reter, pois todas retornarão a você. Quando não tiver o que desculpar é porque não mais colaborou para o fato acontecer.

317

Não creia estar no bem, se, podendo, não quiser colaborar com alguém que lhe pede ajuda. Ninguém consegue alçar voo com apenas uma asa batendo e sem a outra movimentar. Enquanto estender as mãos, sem querer cooperar, precisará da ajuda alheia para poder voar. Lembre-se de que, sozinha, uma pessoa do chão não passa. Além das asas que tem, sem nenhuma dúvida, do vento e de um bom tempo também irá precisar.

318

Mesmo que seja difícil, procure sempre desejar o bem a quem o contrário lhe desejar. Deixe que Deus anulará qualquer energia ruim, que venha a prejudicar você. Agindo assim, Ele, na mesma proporção, lhe devolverá. A maior lição que lhe passo é: o ideal é não revidar para não fazer parceria. Desse jeito infalível, as energias incompatíveis com você não irão somar. Vibre sempre positivamente, porque Deus eternamente a seu lado ficará. Vale a pena começar a tentar e verá como simplesmente viver no bem é melhor que se descontrolar.

319

Criticar é se confessar sem piedade. É ser igual e se enganar. É achar que você é uma pessoa isenta de erros. É se perder, se esquecer, as costas se dar, e, cada vez mais, do bem se distanciar. E quanto mais você se distancia, mais com o negativo se ligará. Diante do desagradável, apenas uma atitude lhe restará para sair dos voos rasantes: perdoar, não mais que perdoar.

320

Fuja da vaidade, da ganância, do poder. Caso contrário, lá na frente, terá que se explicar. A vida lhe cobrará uma atitude condizente com o que você receber. Descobrirá, então, que a beleza existe para com o mundo se harmonizar; que a ganância não é má, se conseguir com o outro partilhar; e que o poder é bom, se você quiser melhorar a vida dos outros. É importante executar tudo isso, desde que a também aprenda a fazer o bem, sem se prejudicar.

321

No momento de tristeza, mais humor.
No instante da raiva, mais amor.
Na situação de perda, mais doação.
Quando a solidão bater, goste-se mais.
Se a dúvida vier, mais compreensão.
Se o dinheiro se foi, valorize-se mais.
Assim, o trabalho chega e o necessário
a Providência Divina lhe traz.
Se ocorrer a fraqueza, não tenha medo.
Engula o choro, pois a vida o inverso faz,
dando-lhe força e trazendo-lhe a paz.

322

Fique alerta para os toques da vida, porque eles sempre virão para ajudá-lo. A todo instante, você recebe os sinais de Deus, a fim de que possa viver no bem e prosperar. Caso não entenda os recados da vida, não tem problema. Um dia os perceberá. Mas dou-lhe um toque também: quando compreender o “sinal”, você se levantará, querendo ao redor tudo alterar. Não precisa ter pressa, pois este mundo é perfeito e o bem não acabará.

323

Entre a Terra e o Céu muitos mistérios há. Existe apenas a intuição de que, um dia, todos nós iremos por ambos transitar. Descobriremos que nada mais é do que um ir e vir, para que possamos melhorar. Àquele que não crer nisso restará apenas a certeza de que, no momento da passagem, em um lado terá que ficar. Deste lado da vida, como um zumbi; como um fantasma, na vida de lá.

324

Não se esqueça de que a vida sempre o trata do jeito que você se trata. Por isso, não se desrespeite nem se diminua. Ame-se mais. Fique sempre do seu lado. Não se abandone nunca, porque Deus jamais de você irá se afastar. Ele é sua âncora e boia, pois, quando lhe deu vida, tocou em sua essência com uma energia de amor, luz, força e paz. Nos momentos conturbados, mar revolto, chuva forte, ondas altas, e sem areia onde se escorar, Ele lhe enviará um socorro, pode crer. Deus não falha e está pronto a ajudar. As coisas podem não acontecer do jeito que a gente quer, mas Ele nunca erra e está sempre a acertar.

325

Saber viver bem é usar a inteligência que Deus nos deu de maneira eficiente e salutar. Para isso, basta apenas utilizarmos as armas do bem. Sabemos o quanto é difícil amar o próximo, porque nem sempre é fácil nos amar. Passamos a vida nos queixando, querendo que Deus nos dê tudo aquilo que não quisemos nos dar. Que jeito mais infeliz de pela vida passar!

326

Deus nos deu a sexualidade, a fim de a utilizarmos com responsabilidade. Sempre que a usarmos indevidamente, a vida nos trará experiências desagradáveis, para aprendermos a respeitar nossos sentimentos e a resguardar os dos outros. Se não observarmos isso, os desencontros virão para aprendermos que sexo, sem gostar, só dá certo para quem não se ama, a vida quer arriscar e a saúde testar. No sexo não há apenas troca de favor, mas de energia a condensar, podendo nos dar prazer ou a dor nos fazer experienciar.

327

Sempre que se deparar com o oposto do bem, encare-o, pois você já tem tudo para essa situação alterar. Ele veio para lhe dar forças a fim de que siga seu caminho e lhe mostrar que não precisa mais sofrer para melhorar sua vida. Para isso, é necessário que mude suas atitudes sem olhar para trás. O novo vem, o que não lhe serve vai e você continuará vivendo, sem nada querer obstar.

328

Sempre que você perguntar a alguém "como vai?" e a resposta for "lutando", nunca responda "eu também". Não se esqueça de que as palavras têm força e de que ninguém, mesmo aquele que no mal acredita, quer viver batalhando. Viva a favor da vida, para que ela lhe traga o melhor. Deus é fiel, nunca luta, nem quer ver alguém toureando um fantasma em um campo, para algo conseguir conquistar.

329

Quantas vezes você, olhando para o céu e vendo as estrelas, fez a Deus um pedido que não se concretizou? Será que Deus é o culpado pelo emprego que não veio; pela companhia que você não teve; e pelo dinheiro que lhe fora furtado por alguém? Até quando se sentirá vítima de um destino, já que você foi a primeira pessoa quem o plasmou? Errado ou injusto só existe na vida para quem só se desrespeitou, se abandonou e com o prejuízo quis conviver.

330

A precipitação só nos leva a piorar tudo. Paremos e pensemos antes de reclamar. A mente nem sempre está pronta para raciocinar sobre o que é eficaz ou sobre o que nos irá prejudicar. Agindo com calma e ponderação, só iremos ganhar. Às vezes, o que hoje nos parece correto, amanhã pode não nos agradar. Não queiramos com a ilusão caminhar, pois com a decepção poderemos fazer par.

331

Você que tem fé e acredita na existência de Deus, procure manter o equilíbrio nos momentos de tristeza, dúvida ou separação. Não perca a motivação. Tudo passa e, se algo lhe acontecer, é porque há alguma razão. Se uma porta se fechou, outras se abrirão. O importante é manter a calma, para que a tempestade vá embora e você possa se levantar do chão. Pense em Cristo agora e sinta a transformação.

332

A vida que você leva lhe mostrará como ao astral você voltará. Portanto, estar sempre ao lado do bem é gostar de si, atraindo o que a vida tem de melhor para lhe dar. Peça ajuda a Deus quando precisar, mas, se Ele lhe pedir algo, saiba ajudar. Uma mão lava a outra e, com elas juntas em concha, você poderá tomar água ou o rosto lavar. Não coma da fruta o caroço, nem queira se aturar. Não seja um esboço de gente, nem deixe o amor lhe escapar.

333

Ser materialista é esquecer-se de que todos precisam do ar, que não pode ser tocado, que não tem formato, mas que, sem ele, não podemos abrir os olhos e caminhar. Não somos matéria, que, em determinado momento, em espírito iremos nos transformar. A verdade é que somos espíritos, temporariamente envoltos na matéria, que um dia todos teremos de romper para voltarmos a nossas origens e voar.

334

Aproveite seu dia de maneira salutar. Não desperdice seu tempo e saiba o bem articular. Sempre que fala mal de alguém, você passa a se confessar. Nunca atire a primeira pedra, nem a segunda, pois a terceira contra você, de maneira certeira e com tudo, retornará. Seu telhado irá se fragilizar. Mesmo não sendo de vidro, as telhas podem trincar ou, dependendo da intensidade, irão se quebrar e em você vão despencar. Será que você conseguirá aguentar?

335

Jamais aumente o problema de alguém, caso não o possa ajudar. Pelo menos inverta a situação, emanando energias positivas, fazendo o desagradável se afastar e se dissolver no ar. O processo é simples. Comece a praticar. Se alguém estiver doente ou parar em algum hospital, mentalize a pessoa andando, alegre, refeita, pronta para uma vida nova recomeçar. Isso é ser médium do bem para melhorar o mundo.

336

Não faça de sua vida um drama e saia do seu penar. As aves também têm pena, que é feita para voar. Pena igual jamais você terá. Pare de sentir pena de alguém, pois isso não vai ajudar. Durante sua vivência neste mundo de meu Deus, não queira a duras penas seu destino alterar. Verá que não vale a pena sentir de si tanta pena, pois vai se destrambelhar. É preferível viver sem pena a ter que alguma pena pagar.

337

Não complique sua vida, alimentando a mente com pensamentos de negação. Nem aumente os problemas dos outros, causando-lhes algum prejuízo e confusão. De alguma forma, procure sempre respeitar, ajudar e amenizar a desagradável situação por que alguém esteja passando, mas sem intromissão, a não ser que lhe peçam socorro. Você estará se ajudando e auxiliando um ser humano a sair do dramalhão.

338

Saia do individualismo. Ele leva à solidão e, em seu isolamento, à perda da audição. Quanto mais em seu mundo você se isolar, mais a vida lhe cobrará atitudes de doação. A natureza lhe deu grande parte do corpo em par: dois olhos, duas orelhas, duas pernas, e cada órgão depende do outro para funcionar. Repare que até o parto, que sempre depende de alguém, já possui em si a palavra "par". E, na hora da partida, alguém terá que amparar você. Ou acha que o corpo irá sozinho para debaixo da terra? Detalhe: lá não tem tomada, para você carregar o celular.

339

Antes de dormir, procure se ligar com o bom do astral. Em Cristo, vale a pena pensar. Seus sonhos dependerão de como na vida você caminhará. Se tiver sonhos sem sustos, é porque no bem você já está. Do contrário, mude o rumo e seu comportamento naquilo que precisar. Ninguém dorme sem sonhar. Pode do sonho não se lembrar, mas até os animais sonham. É bom sonhar e em nenhum pesadelo acordar, tentando de algo escapar. Só que no astral o mais lento dos espíritos não anda: ele vive a voar.

340

Se você vive caindo, mas não consegue detectar a razão, é porque está querendo, na certa, controlar alguma situação. Muitas vezes, a vida dos outros você quer comandar. É bom parar também de se cobrar. O passado já passou e não dá para fazê-lo voltar. Seu bem maior já se foi, mas está em tempo de resgatá-lo. É simples: perdoe-se sempre e pare de se maltratar. Deixe as pessoas viverem do jeito que bem entenderem, se quiser viver em paz.

341

Nada acontece por acaso, nem porque tem que acontecer ou porque Deus quis que acontecesse. Você, com suas atitudes, é quem faz os fatos ocorrerem de maneira positiva ou não. Entretanto, saiba que tudo é para seu bem, pois, na eternidade, não há tempo nem lugar. Procure viver seu hoje e não deixe para alterar amanhã o que agora você deve mudar.

342

Deus não dá o que você quer, mas o que você merece, de acordo com seu comportamento na vida e com aquilo que precisa experienciar. As crianças, ainda sem a consciência na mente, são velhos espíritos habitando temporariamente um corpo, que retornaram, trazendo em sua essência as vivências de um passado em um novo presente que precisarão desvendar.

343

Não entre no sentimento da raiva, se, ao chegar a um determinado lugar, não puder, por alguma razão, nele entrar. Quando isso ocorrer, pare e perceba que a vida está dando-lhe um sinal, uma mensagem, um toque: não se coloque no final da fila, podendo ficar no início. Achar que todos têm mais merecimento que você é penetrar gratuitamente no delírio.

344

Você, que vive brigando por motivo ou sem motivo, pare de se alterar. Isso lhe trará complicações no corpo e um terrível mal-estar. A vida lhe mostrará que de vítima você não tem nada e que seu corpo atrairá doenças, para que possa alterar esse comportamento. Se houver dor, quando toques da vida lhe forem dados, é porque você precisa mudar sua atitude. Não insista em se perder. Você vai se machucar. Não queira que as marcas em você mostrem o que não precisa mais passar.

345

Dizer que tudo é destino é o mesmo que querer parar a vida. Temos o livre-arbítrio de nele crer ou não crer. Somos espíritos na terra, na água e no ar. Fazemos de nosso caminho ameno ou complicado. Se quisermos andar por estradas, com rosas a nos perfumar, agindo no bem, as pedras iremos tirar. Poderá haver espinhos, mas, seguindo com Deus, neles não iremos tocar.

346

Alimentar-se com ideias pessimistas é trazer para si uma péssima qualidade de vida. Quem agir assim atrairá situações desagradáveis e tudo irá piorar. É aos poucos se envenenar. Se as células receberem energias negativas e, assim, ocorrer a queda de resistência física, a pessoa irá se debilitar. Haverá doenças no corpo e na mente e de nada adiantará chorar ou da situação reclamar.

347

É fácil saber se você está de bem com a vida. Veja o que acontece ao seu redor. Se seu envolvimento for com fatos agradáveis, é sinal de que suas atitudes estão sendo eficientes. Caso contrário, uma parceria ineficaz com alguma energia ruim está ocorrendo até por distração sua. Você pode alterar seu destino. Basta querer. Você nasceu com total liberdade de ação, então viva em paz e longe de qualquer complicação.

348

Não faça do seu agora um dia qualquer. Valorize a vida e lembre-se de que você está vivendo porque Deus quer. Acredite no bem, no amor, na amizade, e mantenha-se em paz onde você estiver. Viva de maneira a transformar cada dia que passa em um momento especial, mantendo a saúde plena, a mente sadia e em boa sintonia com o alto astral.

349

Não pergunte por que sua vida não está boa. Pergunte por que você não está de bem com a vida. Você está onde se colocou e não sai porque vê alguma vantagem em permanecer nesse lugar. Ao sentir que nada mudou, perceberá a essência divina seguindo seus passos e, para seu próprio bem, colocando você ao lado da dor. Sentirá no corpo o que a vida, por meio de algum sinal, já lhe mostrou e que você, contando as estrelas do céu, ignorou.

350

Que toque será esse que a vida lhe quer indicar? As lâmpadas de sua casa estão queimando, a louça e os eletrônicos estão quebrando, mas de atitude você não quer mudar. Entenda que isso ocorre quando alguma energia ruim de você quer soltar-se. Uma ligação energética foi se acumulando, somando-se a você e passando a incomodá-lo. É um dos toques de alerta que a vida, por meio dos objetos, dá para mostrar-lhe de que alguma coisa não vai bem. Como descobrir? Aguarde, pois um sinal sempre vem, para mandar a irritação embora e não se ligar a ninguém.

351

Caminhe a favor da vida, sem desperdiçar essa oportunidade. Ela lhe foi dada por Deus, a fim de que você, por bem, em sua existência pudesse se realizar. Fazendo seu melhor, tudo se transformará. Liberte-se como a lagarta, que, travada em seu casulo, pensando que estivesse chegando ao seu final, chorando, triste e desesperada, perguntou a Deus: — E agora, Senhor? O que faço?! — Ele então lhe respondeu: — Voe, borboleta!

352

Ligar-se à desgraça é atrair para si o que há de pior e de graça. Entenda que, agindo assim, estará afastando da sua vida paz, alegria, saúde, sucesso e harmonia. Não se queixe se mais tragédia chegar. Foi você quem deu adeus ao seu melhor, com sua maneira de pensar. O drama é você quem faz. Pare de reclamar. É bom mudar, se quiser se ajudar e conseguir o problema de alguém amenizar.

353

Todos nascem para prosperar. Dependerá de você querer ou não nessa frase acreditar. Veja como se sentirá. Sei que analisando ficará. Faça um balanço de sua vida e veja o quanto de bom ainda tem a realizar. Para isso, basta acreditar em seu potencial, em sua força divina e na luz do sol, que todos nós ilumina sem nada nos cobrar. Só lhe falta colocar a vontade em seu devido lugar.

354

Sinta que, ao se ligar com a raiva, o orgulho, a maldade, a desarmonia e a maledicência, de você o bem se afastará. Irá se sentir, lá adiante, no abandono do seu melhor, na plenitude do seu pio. Com certeza, sobre o seu comportamento você precisará repensar, a fim de que possa reconquistar sua paz. Escolha: perdoar-se para não mais sofrer, ou sofrer, por não querer perdoar.

355

Jamais dê sua força a alguém. Ela é sua e é feita de acordo com suas necessidades e não para satisfazer os outros. Você é quem sabe o que deverá rever. Se a maneira ainda não veio, dê-se um tempo e passe a meditar. A resposta virá. Basta na espiritualidade acreditar. Sua essência é divina. Acorde! Chegou a hora de se valorizar.

356

Não tema mudanças. Sua vida constantemente mudará. Basta fazer um balanço, para constatar as alterações. Perceba o quanto foi bom alterar algumas atitudes ineficientes e entenda como é importante e salutar querer conquistar a prosperidade. Aceite por bem o que a vida lhe quer mostrar ou pela dor terá que sua serenidade encontrar.

357

Não será fugindo dos problemas, por medo ou impotência, que os irá solucionar. É enfrentando o dissabor, analisando o porquê de estar experienciando-os, que obterá uma solução. A melhor maneira de afastar os problemas é, em primeiro lugar, ficar de bem com a vida. Em segundo, é viver de bem consigo e parar de se prejudicar. Em terceiro, é sempre se respeitar. Por derradeiro, é caminhar sem ter que olhar para trás para assombração não encontrar.

358

Não coloque resistência ao que precisa alterar. O choro vem, quando você quer mostrar impotência ou manipular alguém. Encare a situação com firmeza, pois é assim que ela vai debandar. As lágrimas só descem, quando vem à tona a vontade de no vitimismo ficar. De vítima você não tem nada. O amor quer ser seu par, para poder viver bem e para a ele se entregar.

359

Ninguém fracassa na vida. Somos seres eternos, prosperando com nossas experiências e aprendendo a melhorar. Ainda somos crianças, começando a engatinhar. Às vezes, caímos com tudo, mas Deus sempre nos ajuda a levantar. A vida depende de nós para também se realizar. Nossas atitudes atraem os fatos, que, de fato, na eternidade em compasso, não iremos fracassar.

360

Você não precisa proteger-se, engordando cada vez mais para se sentir desigual. Ninguém é igual a ninguém e as pessoas não nascem para viver mal. Falta-lhe uma atitude: uma boa disciplina bucal. Alimente-se do que a terra lhe der, principalmente de fruta e vegetal. Não faça de seu corpo uma droga, destruindo seu físico, seu espírito e sua mente. A vida só quer seu bem e não aceita desforra. Não insista, pois, nem que você queira, com ela não conseguirá romper, por mais que seu corpo venha a sofrer.

361

Faça sol ou faça chuva, é necessário de bom humor acordar. Seu dia depende de como você irá se portar. Ficando em altos e baixos, nessa gangorra a brincar, isso não irá prestar. A vida vai transmutar. Não será desse jeito que a harmonia você irá reconquistar. Não receberá amor, nem terá amor para dar. Vivendo de maneira instável por causa dos dissabores, você acabará por partir antes de sua hora chegar.

362

Fique sempre bem consigo. Ninguém fará você feliz, se em paz não quiser viver. Será sempre de uma vida bem vivida que você dependerá. Acredite na força que tem. A vida nasceu com você e tudo de bom lhe dará, se conseguir entender que os toques da vida vêm fortes, com prazer só de ajudar. Os sonhos se concretizam, e no astral você passará a crer. Fazendo o seu melhor, a vida, na mesma proporção, sua dor irá dissolver.

363

No universo só existe uma lei: a de Deus, que não falha. Ela é verdadeira e não nos separa Dele. Está nas pessoas, nos animais, nas plantas, nas águas, na terra e no ar. Tem total poder sobre o espírito, sendo pleno no saber e no amar. Ficaremos sempre ao seu lado, fortalecendo com sua força nosso ser. Embora tudo seja passageiro, é importante entendermos que a única experiência que fica é a de com Deus permanecer. Mantenha-O colado a seu peito. No meio, Ele se instalou, apenas para lhe dar a vida no formato do amor.

364

Quero que você siga meus passos.
Quero abençoar você, dando-lhe um abraço.
Quero que caminhe sempre a meu lado
e nunca se arrependerá.
Quero de você a promessa de analisar
meus toques, sinais e recados, colocá-los
em prática e ensiná-los a todos os seus.
Quero agradecer-lhe a companhia.
E que me reconheça todos os dias.
Quero estar de bem com você.
Meu nome é vida e, em mim,
você sempre poderá crer.

365

Quero que a vida lhe dê paz.
Quero que você viva com amor.
Quero-lhe prosperidade e o saber.
Que viva de bem com todos e não
atraia maldade nem dor.
Quero ver em seus olhos a bondade.
Quero ver sua aura no prazer de viver só no
bem e à felicidade e à alegria não se opor.
Meu nome é Deus e estarei sempre
com você, seja onde for.

366

Você escolheu o último toque da vida de muitos que irão tocá-lo. Fique sempre alerta, para a vida poder mostrar-lhe. Os toques da vida vêm com força total, a indicar-lhe algo que você precisa mudar e aprender, a fim de que possa prosperar. Fique sempre no bem. Fique em paz, pois Deus com você permanecerá pela eternidade.

Grandes sucessos de
Zibia Gasparetto

Com 17 milhões de títulos vendidos, a autora tem contribuído para o fortalecimento da literatura espiritualista no mercado editorial e para a popularização da espiritualidade. Conheça os sucessos da escritora.

Romances

pelo espírito Lucius

A verdade de cada um (nova edição)
A vida sabe o que faz
Ela confiou na vida
Entre o amor e a guerra
Esmeralda (nova edição)
Espinhos do tempo
Laços eternos
Nada é por acaso
Ninguém é de ninguém
O advogado de Deus
O amanhã a Deus pertence
O amor venceu
O encontro inesperado
O fio do destino (nova edição)
O poder da escolha
O matuto
O morro das ilusões
Onde está Teresa?
Pelas portas do coração (nova edição)
Quando a vida escolhe (nova edição)
Quando chega a hora
Quando é preciso voltar (nova edição)
Se abrindo pra vida
Sem medo de viver
Só o amor consegue
Somos todos inocentes
Tudo tem seu preço
Tudo valeu a pena
Um amor de verdade
Vencendo o passado

Conheça os sucessos da Editora Vida & Consciência

Marcelo Cezar

pelo espírito Marco Aurélio

Acorde pra vida! (crônicas)
A última chance
A vida sempre vence
Coragem para viver
Ela só queria casar...
Medo de amar
Nada é como parece
Nunca estamos sós
O amor é para os fortes
O preço da paz
O próximo passo
O que importa é o amor
Para sempre comigo
Só Deus sabe
Treze almas
Um sopro de ternura
Você faz o amanhã (nova edição)

Amadeu Ribeiro

A visita da verdade
Juntos na eternidade
O amor não tem limites
O amor nunca diz adeus
Reencontros
Segredos que a vida oculta Vol.1
A beleza e seus mistérios Vol.2

VIDA & CONSCIÊNCIA
EDITORA

Rua Agostinho Gomes, 2.312 – SP
55 11 3577-3200

contato@vidaeconsciencia.com.br
www.vidaeconsciencia.com.br